IGLESIAS QUE ORAN

ALGUIEN QUE LEYÓ ESTA OBRA DIJO: «DE TODA LA serie *Guerrero en oración*, ¡este es el libro que el diablo más odia!»

Así lo creo. Indudablemente que ayudará a más personas a involucrarse de forma más personal en el gran movimiento mundial de oración que los otros tres juntos. Y el diablo tiene buena razón para odiarlo, ¡porque sabe qué daño puede hacer y hará un ejército de oración bien organizado y sumamente motivado a su dominio de maldad!

C. Peter Wagner

Iglesias que oran

C. Peter Wagner

Iglesias que oran

Editorial Betania

© 1995 EDITORIAL CARIBE, Inc.
9200 South Dadeland Blvd., Suite 209
Miami, FL 33156, EE.UU.

Título del original en inglés:
Churches that Pray
© 1993 por *Peter Wagner*
Publicado por *Regal Books*

Traductor: *Javier Quiñones-Ortiz*

ISBN: 978-1-60255-616-4

Reservados todos los derechos.
Prohibida la reproducción total
o parcial de esta obra sin
la debida autorización
de los editores.

Impreso en EE.UU.
Printed in the U.S.A.

DEDICADO AMOROSAMENTE
A MI MADRE Y A MI PADRE
C. GRAHAM WAGNER
PHYLLIS H. WAGNER

IGLESIAS QUE ORAN

Contenido

Introducción   11

1. **El gran movimiento de oración**   13
   «A dondequiera que vamos, encontramos grupos de oración que desean estar en contacto con otros grupos similares y juntos asaltar los cielos a favor de quienes todavía andan en tinieblas».

2. **Oración retórica contra oración activa**   33
   «Para que la oración retórica llegue a ser oración activa, es esencial reconocer una verdad sencilla: ¡la oración da resultados!»

3. **Cómo escuchar la voz de Dios**   59
   «No hay manera en que podamos experimentar muchas de las promesas de la Escritura a menos que conozcamos y escuchemos a Dios».

4. **Iglesias que oran**   81
   «La oración debe ser una gran prioridad en su iglesia. Y debe obtener una marca de cinco estrellas en el programa de la misma».

5. Qué hacer y qué no hacer en cuanto a la oración corporativa ... 109
   «La oración corporativa no era algo periférico cuando se estableció la Iglesia en el día de Pentecostés. Era algo central».

6. La oración puede cambiar su comunidad ... 131
   «El avivamiento vendrá cuando derribemos las murallas entre la iglesia y la comunidad».

7. Marchas de alabanza ... 153
   «El propósito de la Marcha por Jesús es llevar a todo el Cuerpo de Cristo a la alabanza pública a Dios en armonía».

8. Caminatas en oración ... 175
   «Las caminatas en oración se definen como orar en el sitio donde queremos la victoria».

9. Expediciones de oración ... 197
   «La razón para las expediciones de oración puede declararse de forma sencilla: abrir espiritualmente una región para el Reino de Dios».

10. Viajes de oración ... 217
    «El viaje de oración no es una labor para los débiles de corazón, sino para los pocos llamados, fortalecidos y endurecidos por el Dios poderoso».

Índice temático ... 239

IGLESIAS QUE ORAN

Introducción

Este, el cuarto libro en la serie *Guerrero de oración*, originalmente estaba supuesto a ser el primero. Cuando comencé a investigar el movimiento de oración en 1987, encontré tres áreas clave que no habían sido investigadas de manera significativa en la vasta literatura que trata el tema: (1) la oración y la iglesia local; (2) la intercesión por los líderes cristianos; y (3) la intercesión a nivel estratégico. Planeé por mucho tiempo, como profesor de iglecrecimiento, comenzar con la primera área. Pero pronto me percaté de que no podía comenzar a explorar el ministerio de oración de las iglesias locales o la relación de la oración con el crecimiento eclesiástico. No sabía exactamente por qué. Así que escribí *Oración de guerra* primero, y luego *Escudo de oración*. Antes de poder comenzar este libro, me impresioné tanto por la urgente necesidad de uno acerca de la cartografía espiritual que convertí la serie de tres en cuatro y edité *La destrucción de fortalezas en su ciudad*, Editorial Betania, Miami, FL, 1995. Para ese entonces, estaba preparado para que Dios me mostrara claramente por qué no me había permitido escribir *Iglesias que oran* anteriormente. Fue porque estaba trabajando sólo en la mitad de la premisa correcta. Estaba a punto de escribir un libro entero acerca de la oración dentro de la iglesia local. Aunque esto era bueno y hacía mucha falta en una obra como esta, fue mucho más recientemente que me percaté que debía ocuparme con la otra mitad del mismo.

Las palabras que escuché de parte de Jack Graham, de la Iglesia Bautista Prestonwood en Dallas, Texas, tanto como cualquiera otra cosa, completaron mi pensamiento parcial. Jack dijo, de manera bastante profética creo yo, «el reavivamiento vendrá cuando derrumbemos las paredes entre la iglesia y la comunidad».

¡Eso era!

Sí, las iglesias deben orar por más tiempo, más arduamente y más efectivamente dentro de sus paredes. Pero también deben orar en la comunidad fuera de la iglesia. Mi investigación acerca del movimiento de oración había descubierto métodos de oración en la comunidad e inmediatamente vi cómo los dos encajaban.

Los primeros cinco capítulos se concentran en el movimiento de oración, la naturaleza de la oración y la oración en la iglesia. Los últimos cinco señalan la necesidad de orar en la comunidad mediante marchas de alabanza, caminatas en oración, expediciones de oración y viajes de oración. Juntos, tienen el potencial de hacer de la oración uno de los ministerios más estimulantes y productivos de su iglesia.

CAPÍTULO UNO

El gran movimiento de oración

ESTABA EN EL ENORME II CONGRESO LAUSANA de evangelización mundial en Manila en 1989. Mis décadas de experiencia en tales reuniones me llevaron a concluir que a menudo las cosas más importantes suceden en los pasillos y en los recesos para el café en lugar de en las sesiones plenarias. Así que ese día estaba siendo un tanto díscolo al no asistir a la sesión plenaria.

Trabajé por un par de horas en mi cuarto de hotel, entonces salí a la sección de exhibiciones del centro de convenciones. Compré un refresco y oré en un susurro audible: «Señor, por favor permíteme hablar con la persona que selecciones». Entonces entré en la librería.

Mi amigo Jim Montgomery estaba allí, y me pregunté, *¿Señor, por qué Jim?* Es vecino mío y nos vemos casi cada semana en nuestra clase de Escuela Dominical en Pasadena, California. No tengo que viajar a la otra mitad del mundo para verlo.

«¡TÚ ERES EL CONFERENCIANTE!»

Jim comenzó la conversación diciendo: «Tenemos una matrícula excelente para el almuerzo». No sabía a qué almuerzo se refería hasta que me dijo que era un acto especial programado para informar y motivar a líderes de muchas naciones del mundo acerca del movimiento para «Discipular Toda Una Nación» (*DAWN*), el cual él dirige. No sólo eso, ¡sino que yo iba a ser el conferencista principal! Además, ¡tenía que comenzar en menos de dos horas! De alguna manera, esa asignación, a la cual había accedido hacía meses atrás, no había hallado su lugar en mi itinerario.

Primero dije: «Allí estaré».

Luego: «Gracias, Señor».

Ese incidente hubiera satisfecho una mañana de oración contestada, pero no se había acabado. Antes de marcharme, comencé a conversar con Rey Halili, el gerente de una librería filipina. Me expresó que en las Filipinas mis libros eran demasiado costosos porque Regal Books no estaba en posición de ofrecer los derechos en inglés a los publicadores filipinos para publicarlos localmente en lugar de importarlos. Le dije que haría algo.

¿DÓNDE ESTÁ GEORGALYN?

Cuando salí de la librería, subí las escaleras a un enorme salón público en donde se sostenían los recesos para el café. Me percaté de que la persona que necesitaba ver en cuanto a los libros filipinos era Georgalyn Wilkinson directora de Literatura Evangélica Internacional (*GLINT*).

Sabía que ella estaba en el congreso, pero no había hablado con ella ni sabía dónde se hospedaba o cuales podrían ser sus actividades. Esperar encontrarse con ella entre 4.500 delegados distaba de ser una expectativa razonable. Así que una vez más oré audiblemente, «Señor, por favor permite que vea a Georgalyn».

Me dirigía hacia el salón a fin de prepararme a solas para mi conferencia de almuerzo en la reunión de «Discipular Toda Una Nación». Me relajé cuando no vi a nadie en el salón, excepto a dos personas obviamente involucradas en algún negocio. Entonces, cuando miré más atentamente, casi no podía creer lo que vi: ¡uno de ellos era Georgalyn Wilkinson!

«Gracias, Señor».

¿LA VIDA CRISTIANA NORMAL?

Esta es la manera que la vida cristiana debería ser. Dios es una persona. No es un extraño; es nuestro Padre. Hablarle de las cosas ínfimas en la vida y ver evidencia tangible de su amorosa respuesta debe ser algo normal para los cristianos.

No creo que ninguno de esos sucesos esa mañana fue una coincidencia. Ni que fui afortunado. Creo que un Dios soberano estaba en control e interesado personalmente en el movimiento de «Discipular Toda Una Nación», en Literatura Evangélica Internacional, en el precio de los libros cristianos en las Filipinas y en Rey Halili, Jim Montgomery, Georgalyn Wilkinson y Peter Wagner. Esa fue una de esas mañanas que estuve sintonizado con lo que el Padre estaba haciendo y fue una experiencia maravillosa.

Cuando digo que esta es la manera que se supone sea la vida cristiana, estoy plenamente consciente de que no siempre es así. Esas mañanas son tan esporádicas que luego de hablar con Georgalyn, me pasé unos minutos tomando notas acerca de lo que había ocurrido. Sin embargo, si estoy observando de manera precisa lo que está sucediendo actualmente entre el pueblo cristiano en casi todas partes del mundo, esas mañanas llegarán a ser más y más frecuentes para personas como usted y yo.

Podría ser que para algunos las oraciones acerca de un compromiso para hablar o una reunión con una amistad caen en la parte trivial de la balanza. ¿Acaso Dios no tiene cosas más importantes que hacer?

Por supuesto que Dios tiene cosas más importantes en su agenda. Pero lo glorioso de Él es que no tiene los límites que tenemos los humanos. Él puede y se ocupa de lo trivial, aunque no deja de ocuparse de las cosas que tienen un impacto más universal. Como, por ejemplo, la caída de la Cortina de Hierro.

La oración y la Cortina de Hierro

Desde la desintegración de la Unión Soviética en 1991, han comenzado a surgir muchos relatos de intensa intercesión, algunos de parte de creyentes dentro de la URSS y otros de creyentes fuera. Uno de mis deseos es que una persona creativa y bien informada llegue a reunir estos relatos. Nos proveería con lo que Paul Harvey podría llamar «el resto de la historia».

Una pieza clave del rompecabezas ya ha sido revelada. Mi amigo Dick Eastman publicó la historia en su clásica obra acerca de la intercesión, *Love on Its Knees* [Amor de rodillas], antes de que se cayera la Cortina de Hierro. Cuenta de su amigo Mark Geppert, a quien Dios llamó en 1986 para que pasara dos semanas en la Unión Soviética para no hacer nada más que orar. Mark informa que Dios le dio un itinerario específico y una agenda de oración antes de salir a la Unión Soviética. Su última asignación fue pasarse cuatro días de oración en Kiev, la ciudad más grande y más cercana a la pequeña villa de Chernobyl en donde estaba localizado el infame reactor nuclear.

En la mañana del último día de su jornada de oración, el 25 de abril de 1986, Mark fue a la plaza en el centro de Kiev y comenzó a orar bajo una enorme estatua de Lenin. Oró en segmentos de 15 minutos, cada uno marcado por el repicar del enorme reloj de la plaza de la ciudad. Durante el período de 15 minutos justo antes de mediodía, sintió la liberación. Sintió que Dios decía que, en respuesta a la oración, en ese momento estaba sucediendo algo que sacudiría a la Unión Soviética y abriría el camino para más libertad. En el espíritu de Mark Dios dijo: «¡Comienza a alabarme porque lo hice!» Mark alabó abiertamente al Rey de reyes justamente debajo de la estatua de Lenin. Entonces se envalentonó lo suficiente como para sacudir su puño ante la estatua y gritar con sentimiento: «Lenin, ¡ya pasó tu momento!»

En su excitación, Mark se atrevió a pedirle a Dios confirmación. «Oh, Dios», clamó, «dame una señal, aunque sea pequeña». En ese momento las manecillas del enorme reloj marcaron las 12:00 del mediodía. Por cuatro días el reloj había repicado sin fallar cada hora. ¡Esta vez a las 12:00 del mediodía estaba completamente silencioso!»[1]

La historia ahora registra que a las 12:00 del mediodía, o pocos momentos después, se realizó el primer error por un obrero en la planta nuclear de Chernobyl, que a la larga llevó al desastre cerca de la 1:30 A.M. el 26 de abril de 1986, unas 13 horas luego de que Dios liberara a Mark Geppert.

«La historia le pertenece a los intercesores»
Este incidente no fue nada trivial. Dick Eastman luego me mostró un recorte del *Washington Post* escrito 5 años después del acontecimiento, proponiendo que la explosión de Chernobyl «se percibe cada vez más como el momento culminante en el colapso de un sistema político y económico que era cruel irreparablemente ineficiente».[2]

Ahora bien, si esto pudo haber sido una coincidencia es más crucial que cuando Peter Wagner se encontró con Georgalyn Wilkinson en Manila. ¿Podría ser que las oraciones de Mark Geppert (junto con las de muchos otros) tuvo

---

1. La información acerca de este caso es tomada de Dick Eastman, *Love on Its Knees*, Chosen Books, Grand Rapids, Michigan, 1989, pp. 13—17; un panfleto por Dick Eastman, «A Promise to Moscow» [Una promesa a Moscú], y conversaciones personales con Eastman.
2. Michael Dobbs, *Washington Post*, 26 de abril 1991.

algo que ver en realidad con la liberación de cientos de millones de mujeres y hombres de la tirana opresión política. ¿Será que la oración puede hacer esa diferencia? ¿Podría estar en lo correcto Walter Wink cuando dice que «la historia le pertenece a los intercesores?»[3]

EL GRAN MOVIMIENTO DE ORACIÓN

Más y más personas en las naciones alrededor del mundo que tienen una presencia cristiana significativa están respondiendo afirmativamente a las preguntas anteriores. Un movimiento de oración que supera por mucho cualquier otra cosa que podamos recordar, quizás en toda la historia cristiana, está adquiriendo ímpetu de manera acelerada. Durante todos los años que he servido a pastores a través de los EE.UU., jamás había visto la oración tan exaltada en sus agendas.

El hambre por la oración no conoce límites denominacionales. Evangélicos, históricos, carismáticos, pentecostales, episcopales, fundamentalistas, luteranos, bautistas, restauracionistas, reformados, menonitas, movimientos de santidad, calvinistas, dispensacionalistas, wesleyanos o cualquiera otra clase de iglesia se están sorprendiendo con el creciente interés en la oración. En conferencias de clérigos, los pastores se preguntan el uno al otro, aun en tonos un tanto reservados: «¿Es posible que lo que estemos viendo sea lo que los historiadores nos han estado diciendo que generalmente precede a un verdadero reavivamiento?» De ser así, están conscientes de que no es algo generado por sensacionalismo o por una extraordinaria fuerza de voluntad, sino por el Espíritu de Dios.

Se están organizando ministerios especializados de oración a través del país y alrededor del mundo. Unos vienen y se van, otros parecen más estables, con juntas de directores,

---

[3]. Walter Wink, *Engaging the Powers* [Confrontar los poderes], Fortress Press, Minneapolis, Minnesota, 1992, p. 298.

fondos regulares y revistas. La comunidad cristiana actualmente se esta beneficiando de *Conciertos de oración* de David Bryant, *Intercessors for America* [Intercesores por los EE.UU.] de Gary Bergel, *Breakthrough* [Descubrimiento] de Leonard LeSourd, *Generales de intercesión* de Cindy Jacobs, *Esther Network International* [Red internacional de Ester] de Esther Ilnisky, *United Prayer Ministries* [Ministerios unidos de oración] de Evelyn Christenson y *Intercessors International* [Intercesores internacionales] de Beth Alves sólo por nombrar unos cuantos. Algunos se concentran en la intercesión personal, otros en orar por el gobierno, algunos por la evangelización mundial, otros en la guerra espiritual, otros en los niños.

La mayoría de esos ministerios de oración son interdenominacionales. Pero al mismo tiempo, las denominaciones están reconociendo la importancia crucial de la oración y formando sus propios departamentos denominacionales para ministerios de oración. Muchas, sino la mayoría, de las denominaciones en los EE.UU. ahora tienen líderes de oración en su personal. La imprevista combinación de líderes de oración denominacionales de la Iglesia Cristiana Reformada, las Asambleas de Dios y los Bautistas del Sur se reunieron y oraron juntos no hace mucho y decidieron formar el *Denominational Prayer Leaders Network* [La red de líderes denominacionales de oración]. Alvin Vander Griend dirige la junta y supervisa su reunión anual.

El Movimiento 2000 A.D.

Actualmente, estos movimientos denominacionales e independientes están siendo coordinados y sincronizados por el movimiento *A.D. 2000 and Beyond* [Movimiento 2000 A.D. y Más Allá]. El enfoque del movimiento es catalizar las fuerzas existentes para el evangelismo alrededor del mundo para un masivo empuje evangelístico durante esta década. Su lema es: «Una iglesia en cada pueblo y el evangelio para toda persona para el 2000 A.D.» Sus puntos centrales son: (1) Las 1.000 ciudades del mundo menos evangelizadas; (2)

unos 6.000 grupos de personas que todavía no han sido alcanzados; (3) La Ventana 10/40, un rectángulo geográfico entre 10 y 40 grados de latitud norte que corre desde el norte de África hasta el oeste de Japón y las Filipinas en el este. Se estima que más del 90% de los que se encuentran en los grupos por alcanzar viven en o cerca de la frontera de la Ventana 10/40.

El Movimiento 2000 A.D., dirigido por Luis Bush de Colorado Springs, Colorado, es el primer movimiento coordinador internacional de su tamaño que combina la oración con la evangelización mundial al nivel más alto. 2000 A.D. esta basado en 10 cursos semiautónomos o redes de recursos, una de las cuales es *United Prayer Track* [Curso Unido de Oración]. Doris, mi esposa, y yo hemos tenido el privilegio de coordinar el Curso Unido de Oración desde su comienzo y nos ha colocado en una posición estratégica para observar y evaluar este gran movimiento mundial. A dondequiera que vamos, encontramos grupos de oración que desean estar en contacto con otros grupos similares y juntos asaltar los cielos a favor de quienes todavía andan en tinieblas.

Por vez primera en tiempos recientes, líderes cristianos de alto nivel de toda clase concuerdan que la efectividad definitiva de actividades esenciales como la plantación saturada de iglesia, la penetración de las ciudades sin evangelizar, particularmente a favor de los pobres, y el alcance de personas que no han sido alcanzadas con misiones multiculturales, funcionarán o fracasarán a raíz de la cantidad y la calidad del ministerio de oración que las preceda y las acompañe. Esto es tan bíblico (e.g., Hch 4.24-30; Ef 6.18-20; 2 Ts 3.1), parece extraño decir que es un énfasis nuevo y diferente en las estrategias de alto rango para la evangelización mundial.

La oración en el campo liberal

El movimiento de oración no está confinado a las iglesias evangélicas. Representantes de alto rango del campo más liberal de acción social, como Walter Wink y Bill Wyllie

Kellermann, están proponiendo la oración como el medio principal para enfrentarse a los poderes que están corrompiendo la sociedad a todos los niveles.

Refiriéndose a la caída de la antigua Unión Soviética, Walter Wink dice: «Podemos creer que nada de esto hubiera pasado sin las demostraciones y oraciones durante las décadas del movimiento por la paz». Él no puede explicar que el presidente más ardientemente anticomunista de los EE.UU, Ronald Reagan, negoció el primer tratado de reducción nuclear con la URSS como respuesta a la oración. La ciencia política internacional *per sé* no podía predecirlo. Debido a la oración, señala Wink: «Dios encontró una brecha, y pudo realizar un milagroso cambio de dirección».[4]

A medida que he escrito acerca de la oración durante los últimos años, he estado desarrollando una creciente sensibilidad por muchas de las causas propuestas por algunos de nuestros hermanos y hermanas liberales. Digo «muchos» porque debo admitir que varias de las causas que algunos apoyan son tan abiertamente contradictorias con la moralidad bíblica que en mi opinión se debe orar *en su contra* en lugar de orar *por* ellos. Pero la paz entre los EE.UU. y la antigua Unión Soviética, la libertad y los derechos humanos en Rumania, la comida para las víctimas del hambre en África o la reconciliación de las razas en los EE.UU. no están entre esas. Estas claramente son la voluntad del Padre, y los evangélicos pueden orar fervientemente junto con los liberales: «Hágase tu voluntad, como en el cielo, así también en la tierra» (Mt 6.10).

Aquellos que han seguido mis escritos saben que en años pasados he practicado en la polémica acerca de la evangelización versus la acción social. Creo que todavía puedo justificar de manera bíblicamente sólida que se le dé prioridad al evangelismo para cumplir nuestras responsabilidades para con el Reino. Sin embargo, ahora pareciera que estamos discutiendo las cosas a un nivel más alto. En lugar de diseñar nuestros ministerios primariamente en base a técnicas evangelísticas o acción política se está descubriendo

---

[4]. *Ibid.*, p. 310.

que la verdadera batalla es espiritual y que nuestra principal acción debe basarse en el uso de armas espirituales, no carnales. El consenso, entre todos los campos, es que la oración bíblica está en el tope de la lista de las armas espirituales. Más importante que darle prioridad al evangelismo sobre la acción social es darle la prioridad a lo espiritual sobre lo tecnológico.

La oración no es un sustituto para la agresiva acción social o el evangelismo persuasivo. Pero las mejores estrategias para ambos serán más efectivas con oración de alta calidad que sin ella.

Esto no implica de manera alguna que la oración es un *sustituto* para la acción social o el evangelismo persuasivo. Pero sugiere que las mejores estrategias para ambos serán más efectivas con oración de alta calidad que sin ella.

EL CORDÓN TRÍPLICE

En el primer libro *Oración de guerra*, de esta serie *Guerrero en oración*, conté acerca de la palabra profética que recibí en 1989 a través de Dick Mills en cuanto al «cordón tríplice» de Eclesiastés 4.12. A través de la misma, entendí que Dios me usaría como catalizador para ayudar a juntar tres grupos de cristianos que Él deseaba utilizar para Sus propósitos en los años noventa: evangélicos conservadores, carismáticos y liberales concienzudos. Continué ofreciendo varias evidencias en el libro en cuanto a que los dos primeros cordones ya habían comenzado a unirse, pero no me ocupé específicamente de los liberales concienzudos.[5]

---

[5]. C. Peter Wagner, *Oración de guerra*, Editorial Betania, Miami, FL, 1994

Entonces no estaba claro quiénes podrían ser esos liberales concienzudos, y todavía no estoy totalmente claro. Sin embargo, he avanzado a la etapa de «algo así como». Pienso que serían algo así como Walter Wink, a quien conozco personalmente y lo describiría a mis amistades evangélicas como un cristiano renacido que tiene un corazón para servir a Dios y que es receptivo a la plenitud del ministerio del Espíritu Santo.

Wink y yo luchamos con desacuerdos sustanciales en algunas cosas, como la identidad de los principados y potestades sobrenaturales y las posiciones que asumimos acerca de ciertos asuntos éticos. Sin embargo, concuerdo con él cuando me dice: «Confío en que tú y yo concordemos que no es tan importante que resolvamos nuestras diferencias sino que estemos de acuerdo en orar juntos, que luchemos juntos para que irrumpa la nueva realidad de Dios... Así que quiero confirmar mi compromiso de luchar en un frente común contigo contra los poderes, sin importar cómo los concebimos o desconcebimos».[6]

Estamos comenzando a ver que si el pueblo de Dios va a unirse para implementar Su voluntad en esta década, es posible que la oración sea la fuerza primordial que teja los tres cordones.

RÍO ARRIBA A COREA

A pesar de lo nuevo y excitante que nos parezca el movimiento de oración a muchos de nosotros, no es nada nuevo en Corea. Allí comenzó en la primera década de nuestro siglo y ha continuado adquiriendo ímpetu desde entonces. Uso la fecha de 1970 como el momento cuando este movimiento comenzó a derramarse desde Corea al resto del mundo. Los estadounidenses hemos estado diciendo: «Algún día no sólo enviaremos misioneros al Tercer Mundo

---

6. Walter Wink, «Demons and DMins: The Church's Response to the Demonic», *Review and Expositor*, vol. 89, núm. 4, otoño 1992, p. 512.

sino que recibiremos misioneros de esas iglesias y seremos enriquecidos con lo que aprendamos de ellos». Ese día ya llegó. Junto con múltiples ejemplos de ello, nosotros y el resto del mundo estamos aprendiendo mucho acerca de la oración de parte de nuestros amigos coreanos.

Durante los últimos 100 años, el cristianismo protestante ha crecido de 0 a más del 30% de la población de Corea del Sur. De noche en la ciudad de Seúl, uno puede mirar a través del paisaje urbano y ver media docena de cruces rojas señalando iglesias por cualquier parte. De las 20 iglesias en el mundo que tienen una asistencia semanal de 20.000 o más, 9 de ellas están Corea. La iglesia bautista más numerosa, la iglesia metodista más grande, la iglesia presbiteriana más cuantiosa, la iglesia de santidad más grande y la iglesia pentecostal más grande en el mundo están todas en Corea. La Iglesia del Evangelio Completo de David Yonggi Cho es la más grande del mundo, con unos 700.000 miembros.

¿Cómo ocurrió este espectacular crecimiento? Muchos le han preguntado esto a los líderes cristianos coreanos, y casi todos han recibido la misma respuesta: ¡*oración*!

Seúl fue el anfitrión de los juegos olímpicos en 1988. Si hubiera habido una medalla de oro por oración, Corea hubiera ganado sin competencia alguna. El 15 de agosto de 1988 se hizo un llamado a una reunión especial de oración al aire libre. Un millón de cristianos se presentaron a orar. Pero ya lo habían hecho antes. Ya se había realizado otra reunión de oración de un millón de personas, como Día Nacional de la Oración, el octubre anterior.

Patrones coreanos de oración
Hay muchos programas especiales de oración y eventos en Corea a través del año. Pero han surgido tres patrones fuertes que ahora están siendo adaptados en otras naciones a medida que avanza el movimiento de oración.

1. *Oración matutina*: La oración matutina es tan parte de la vida eclesiástica de Corea como lo es escuchar sermones, cantar himnos o recoger la ofrenda en las congregaciones a que la mayoría de nosotros asistimos. Ninguna iglesia en Corea carece de una reunión de oración matutina. Iglesias grandes e iglesias pequeñas, iglesias urbanas e iglesias rurales, iglesias pudientes e iglesias necesitadas: todas planifican reuniones de oración en su santuario antes de que salga el sol los 365 días del año.

Hace poco estuve en Corea y visité a mi buen amigo el pastor Sundo Kim de la Iglesia Metodista Kwang Lim. Esta visita fue para el final de la reunión especial de 40 días de «Reunión de oración Monte Horeb», durante la cual él había llamado a su congregación a orar de manera especial temprano en la mañana. Se urgió aun a los que no asistían generalmente a estas reuniones a que vinieran cada mañana a orar de 5:00 a 6:00. Me dijo que la asistencia había sido de entre 3.000 y 4.000 cada mañana.

Esto yo lo tenía que ver. El pastor Kim accedió a proveer transportación. La mañana siguiente su chofer habría de recogernos, a Doris y a mí, en nuestro hotel; pero no era fácil. Una tormenta sin igual engolfó a Corea esa noche y se perdieron más de 60 vidas en su furia. La lluvia y el viento fueron tan feroces a las 5:00 de la mañana siguiente que me pregunté si alguien habría de abandonar sus hogares para asistir a una reunión de oración. Pero el chofer apareció, salimos para la iglesia y llegamos después de que comenzara la reunión; si alguien no nos hubiera reservado asientos, no hubiéramos tenido dónde sentarnos. ¡El santuario, que tenía una capacidad de 4.000, estaba lleno! ¡Qué reunión de oración!

En otra reciente visita a Corea, tuve el privilegio de asistir a la reunión de oración matutina más grande del mundo en la Iglesia Presbiteriana Myong-Song, pastoreada por Kim Sam Kwan. El grupo con el que estaba también tuvo que llamar de antemano para reservar asientos en la reunión de las 6:00 a.m., que estaba llena con 4.000 personas. Sin embargo, este era el tercer servicio de ese tipo esa mañana; los otros fueron a las 4:00 a.m. y a las 5:00 a.m. La asistencia usual a la reunión de oración matutina en la Iglesia Presbiteriana Myong-Song es de 12.000 personas.

Comencé a visitar a Corea a comienzos de los setenta, y asistí a varias reuniones de oración antes de que amaneciera en algunas de las iglesias. Pronto se hizo claro que un porcentaje relativamente menor de los miembros de la iglesia asistían con regularidad. Recuerdo haber registrado de manera consciente una premisa: en las iglesias grandes, esta actividad ciertamente sería una que el pastor principal le asignaría a otro miembro del personal. ¡Estaba equivocado! No podía estar más errado. Me sorprendí al descubrir que estas reuniones casi siempre eran dirigidas por el pastor principal.

Esto me animó a preguntarle a mis amigos que son pastores principales a qué se debía que ellos participaran en cada una de estas reuniones matutinas de oración. Primero me miraron con una expresión aturdida como si dijeran: «¿Por qué una pregunta tan estúpida?» Entonces, percatándose de que yo solamente era uno de esos cristianos estadounidenses, casi siempre me ofrecían una respuesta idéntica: «¡Porque allí es donde está el poder!» A ellos les esperaba un arduo día de ministerio y no deseaban enfrentarlo sin el poder de Dios. Ellos hubieran estado completamente de acuerdo con el título del excelente libro de Bill Hybel: *Too Busy Not to Pray*, [Demasiado ocupado como para no orar], (Intervarsity Press).

2. Vigilias de oración de los viernes. Las vigilias de oración están asignadas para los viernes en la noche en casi todas las iglesias coreanas. Comúnmente, un sustancial grupo de personas se reúnen a las 10:00 p.m. y oran juntos hasta el amanecer del próximo día.

En la mayoría de nuestras iglesias occidentales, una vigilia, si es que se hace, señala una ocasión especial. Asistir a una y quedarse hasta el final es percibido como un extraordinario logro espiritual. Pero los coreanos están acostumbrados. Esto no significa que cada cristiano coreano lo hace, pero muchos de ellos sí. Es común en la Iglesia del Evangelio Completo Yoido, por ejemplo, tener más de 10.000 personas orando toda la noche. Ellos son parte de un creciente número de iglesias que también programan una vigilia los miércoles en donde la asistencia es parecida. Dado el hecho de que hay unas 7.000 iglesias en Seúl, no dudaría que en una noche común de viernes más de un cuarto de millón de cristianos están orando toda la noche sólo en esa ciudad.

3. Montañas de oración. En el último conteo, más de 200 iglesias en Corea han comprado montañas en las cuales han construido centros de retiro de oración. Algunos son grandes, como la del pastor David Yonggi Cho, donde siempre hay 3.000 personas presentes y más de 10.000 los fines de semana. Algunas son lujosas, como la del pastor Sundo Kim, que tiene un elegante jardín de oración de 1.6 km de extensión. El jardín incluye nueve áreas de oración especialmente construidas que acomodan de 30 a 200 personas orando a la vez, y está adornada con estatuas de tamaño normal de Jesús y sus discípulos en varios episodios de su ministerio.

Muchos tienen grutas de oración excavadas en lados de las montañas en donde una persona puede retirarse a orar por horas o días. Algunas no tienen servicio de alimentos ya que se asume que el ayuno acompañará las oraciones. En una montaña de oración que visité, el único servicio comestible era una dieta médica diseñada para salir de ayunos prolongados. Ayunos de 21 días no son raros. De vez en cuando se ven también de 40 días.

Armarios de oración
Los pastores coreanos que tienen iglesias lo suficientemente grandes como para así poder hacerlo, por lo general diseñan dos características en el estudio del pastor en la iglesia, que no las he encontrado en ninguna otra parte.

Una es un armario literal de oración con nada más que una almohada en el suelo, un estante pequeño para una Biblia y quizás una o dos pinturas en la pared. Ellos se pasan un mínimo de una hora al día, algunos más, orando en el armario con la puerta cerrada.

La segunda característica es una recámara modelo y un baño adyacente a su estudio. Muchos de ellos se pasan, de manera rutinaria, toda la noche del sábado en el estudio de la iglesia, orando y ayunando por la bendición de Dios sobre los servicios dominicales.

No en balde tantos pastores estadounidenses y otros líderes cristianos que han visitado a Corea testifican que su vida de oración jamás ha sido igual. Larry Lea introdujo muchas de estas prácticas coreanas a los EE.UU. cuando pastoreó la Iglesia en la Roca en Texas. En muchas ocasiones he escuchado a mi pastor ejecutivo, Jerry Johnson, de la Iglesia Congregacional de Lake Avenue, en Pasadena, California, testificar públicamente que su vida espiritual fue revolucionada cuando se pasó unos días en una montaña de oración coreana.

Del II Congreso de Lausana en Manila en 1989 salió una anécdota humorística. En un momento, los participantes de las distintas naciones estaban celebrando reuniones nacionales a través del complejo. Me encontré con uno de los miembros del personal del congreso a quien se le había asignado la responsabilidad de supervisar esas reuniones para ver si estaban marchando sin problema alguno. Le pregunté lo que había hallado y me dijo:

- En la reunión estadounidense, los negros se estaban quejando de los blancos.
- En la reunión japonesa, los evangélicos se quejaban de los carismáticos.
- En la reunión alemana, los teólogos se quejaban el uno del otro.
- En la reunión coreana, los delegados estaban de rodillas, orando juntos.

¡Todos tenemos tanto que aprender de los coreanos en cuanto a la oración!

CÓMO ENTENDER LA ORACIÓN EFECTIVA

No toda oración es igual.

El aumento de este gran movimiento está revelando algunas verdades acerca de la oración que ofrecen un entendimiento más claro. Por ejemplo, la oración no es simplemente oración. Algunas oraciones con aburridas y tediosas, una rutina que hay que sobrepasar y acabar con ella. Otras son excitantes, y es excitante porque es efectiva.

¿Qué dice la Escritura acerca de la oración efectiva?

Uno de los pasajes más citados de la Escritura acerca de la oración proviene de Santiago 5.16: «La oración eficaz del justo puede mucho».

Algunos tratan a esta Escritura de manera casual como si dijera que toda oración puede mucho. Pero al examinarla más minuciosamente vemos que sólo cierta clase de oración orada por cierta clase de persona es la que puede mucho. Si alguna oración es efectiva, entonces hay también *inefectiva*.

¿Cuán bien podemos diferenciar entre la oración efectiva y la inefectiva?

Santiago 5.16 y 17 responden la pregunta usando a Elías como ejemplo de oración efectiva. Cuando Elías oró para que no lloviera, no llovió por 3 años y medio. Entonces cuando oró para que lloviera, llovió. La oración efectiva es la oración que recibe respuesta. Por supuesto, algunas veces las respuestas a nuestras oraciones no son tan obvias o conspicuas como en otras ocasiones.

Se usan muchas clases de oración, de las cuales todas o ninguna podría ser efectiva. Una vez examiné cuidadosamente el libro de Hechos y encontré 23 casos de oración. Dependiendo de cómo uno las junte, allí hay varias clases de oración que se nos presentan como modelo. Tenemos oración corporativa, oración en grupo y oración individual. Tenemos oración de intercesión y oración de petición. Tenemos oración por sanidad física, oración para el perdón, oración de alabanza y agradecimiento. La oración se usa para comisionar personas para el ministerio y para abrirlas para la plenitud del Espíritu Santo. Algunas oraciones van en una sola dirección, otras van en dos.

¿Cómo podemos estar seguros de que cualquier clase de oración que usamos es *efectiva*?

Dos de las declaraciones de Jesús en el Evangelio de Juan nos ofrecen algunas guías claras:

- Todo lo que pidieres al Padre en mi nombre, lo haré (Jn 14.13).
- Si permanecéis en mí, y mis palabras permanecen en vosotros, pedid todo lo que queréis, y os será hecho (Jn 15.7).

1. Pedimos en nombre de Jesús. La razón para esto es que no tenemos autoridad. La nuestra es sólo autoridad derivada de Jesús. Pero si Él nos da autoridad, ¡representamos nada más y nada menos que al Rey de reyes! Esta es la clase de autoridad que tiene un oficial policiaco cuando dirige el tráfico en una ciudad o que tiene un embajador cuando representa al presidente en un país extranjero. Sin la autoridad de Jesús, la oración no puede ser efectiva.

2. Debemos habitar en Jesús. Cuando habitamos en Jesús, primero que nada llegamos a ser justos. No es que tengamos justicia en nosotros mismos, sino que Jesús nos imparte su justicia. La oración ferviente y efectiva de una persona *justa* puede mucho.

De igual importancia es que cuando habitamos en Jesús conocemos la voluntad del Padre. Cuando oramos, entonces oramos de acuerdo con la voluntad del Padre. Esto es lo que hizo Elías. Note que el relato de 1 Reyes 17 y 18 no habla tanto en cuanto a Elías «orando» sino proclamando lo que conocía como la palabra y voluntad de Dios (véase 1 R 18.41-45). Las únicas oraciones que son respondidas son las oraciones de acuerdo con la voluntad de Dios. La intimidad con el Padre no sólo es la clave para la oración efectiva, es la esencia de la oración.

> **Las únicas oraciones que son respondidas son las oraciones de acuerdo con la voluntad de Dios. La intimidad con el Padre no sólo es la clave para la oración efectiva, es la esencia de la oración.**

La combinación de autoridad e intimidad hace efectivas a nuestras oraciones. Doris, mi esposa, ha servido como mi secretaria personal por casi 30 años. Cuando suena el teléfono, las personas que llaman usualmente preguntan por mí. Ella dice: «Él no está disponible ahora, pero, ¿podría ayudarle en algo? Soy la Señora Wagner». Eso hace una gran diferencia. Las personas que llaman están más dispuestas a quedarse en el teléfono y obtener respuestas a sus preguntas. Doris toma decisiones que la secretaria común y corriente no podría tomar. Primero, ella tiene la autoridad, la cual se comunica por el nombre. Segundo, ella conoce mi voluntad y actúa por consiguiente. Dios espera que hagamos lo mismo.

—PREGUNTAS DE REFLEXIÓN—

1. El capítulo comienza con testimonios de oraciones respondidas, algunas acerca de cosas pequeñas, otras sobre cosas grandes. ¿Cómo es que podemos afirmar que tales cosas son respuestas a la oración en lugar de alguna coincidencia natural?
2. Durante los últimos años, ¿ha notado un aumento en el interés en la oración entre las iglesias y las personas cristianas? Trate de recordar y relatar algunos ejemplos concretos de lo que haya visto, escuchado o leído.

3. Algunos de los que han seguido los escritos pasados de Peter Wagner se sorprenderán de las cosas que dice acerca de la oración como punto de enlace con muchos liberales. ¿Cree que podría ir muy lejos en este punto?
4. Repase los ejemplos de la excelente vida de oración de los cristianos coreanos. ¿Cuáles de ellos cree usted podrían introducirse con éxito en las iglesias de su ciudad?
5. Si es cierto que no toda oración es efectiva, ¿puede pensar en algunos ejemplos específicos de oración *inefectiva* que usted o alguien conocido haya tratado? ¿Cómo pudo haber sido más efectiva?

CAPÍTULO DOS

Oración retórica contra oración activa

ESTOY MUY INTERESADO EN LA RELACIÓN ENTRE la oración y el crecimiento eclesiástico. He sido profesor de crecimiento eclesiástico, por más de 20 años, en el Seminario Fuller, y los últimos cinco los he dedicado a la investigación acerca de la oración. He hablado con muchos pastores a través del país acerca de esto y ahora algunos patrones resultan claros.

Uno de ellos es la diferencia entre lo que he llegado a llamar «oración retórica» y «oración activa».

LA ORACIÓN Y EL CRECIMIENTO ECLESIÁSTICO

Creo que lo que voy a decir es preciso, aunque admito que no tengo mucha información estadística para probarlo. Empero, suponga que seleccioné un grupo variado de 100 pastores de iglesias en crecimiento. Suponga que les hice a cada uno esta pregunta: En su experiencia, ¿qué papel ha jugado la oración en el crecimiento de su iglesia?

Estoy bastante seguro de que casi todos ellos responderían: «Oh, la oración ha jugado una función central en nuestro crecimiento».

También estoy razonablemente seguro de que para 95 de los 100 pastores esa respuesta sería nada más que retórica. Con eso no quiero decir que no crean en la oración o que en manera alguna estaban tratando de ofrecer una respuesta engañosa. Pero sí quiero decir que si se hiciera un estudio cuidadoso de la vida de oración de sus iglesias, no me sorprendería si se hallara poca o ninguna diferencia entre ellos y la vida de oración de las iglesias que no están creciendo en la misma comunidad.

¿Estaré equivocado? Por supuesto. Hasta *espero* estarlo. Conociendo el poder de la oración, anticipaba encontrar una estrecha correlación entre cantidad y calidad de oración y grados de crecimiento eclesiástico. No es que la correlación esté completamente ausente. Investigaciones de C. Kirk Hadaway sugieren que el aumento en la oración ha acompañado el crecimiento en algunas iglesias Bautistas del Sur.[1] Por eso es que permití unas hipotéticas 5 iglesias de 100 que podrían verdaderamente mostrar una correlación entre su vida de oración y su crecimiento. Ofreceré algunas ilustraciones de esto a su debido tiempo. Pero en general, temo decir que mi observación es correcta.

Lo «que debe ser» y lo que «es»

Permítame reforzar mi punto con un poco de ironía. Hasta donde sé, la persona que ha tomado la iniciativa en intentar investigar de manera seria este asunto es Terry Teykl, pastor

---

[1]. C. Kirk Hadaway, *Church Growth Principles* [Principios del crecimiento de la iglesia], Broadman Press, Nashville, Tennessee, 1991, p. 51.

de la Iglesia Metodista Unida Aldersgate en College Station, Texas. Su libro, *Pray and Grow* [Ore y crezca][2] es el único libro que conozco que se ocupa de la relación de la oración con el crecimiento de la iglesia. Este sólo es el comienzo de la investigación de Teykl y la sección estadística a la cual hice referencia todavía no se ha realizado. De más está decir que Teykl concuerda conmigo en que *debemos* hallar una correlación y escribe su libro sobre esa premisa.

Pero, ¿y qué de estos pastores hipotéticos? Aparentemente, si no los presionamos preguntándoles de forma directa qué función juega la oración en el crecimiento de sus iglesias, es posible que no lo mencionarán. Esto se afirma en el prefacio al libro de Terry Teykl, escrito por Ezra Earl Jones de la Junta General de Discipulado Metodista Unida, una agencia en contacto directo con pastores metodistas a través de la nación.

Ezra Earl Jones cita algunas investigaciones, que de hecho se han realizado. Ellos seleccionaron iglesias metodistas que están creciendo y le pidieron a los pastores de esas iglesias que evaluaran, en orden, los 10 principales factores que contribuyen a su crecimiento. Aquí están en orden: servicios de adoración robustos, comunión, el pastor, ministerios planificados de manera precisa, ministerios de alcance mundial y entre la comunidad, educación cristiana, planificación para el crecimiento eclesiástico, instalaciones físicas y localización, ministerios laicos y esfuerzos evangelísticos. *¡Ni siquiera uno de los diez es la oración!*

Por supuesto, estos pastores pudieron haber sentido que era inadecuado mencionar la oración, pero la ironía es que el prefacio en un libro que propone que la oración *debería* ser un factor predominante en el crecimiento produce evidencia de que ese *no* es el caso. Al menos no es algo que los pastores de iglesias en crecimiento expresarían como importante.

---

2. Terry Teykl, *Pray and Grow*, Discipleship Resources, P.O. Box 189, Nashville, Tennessee 37202, 1988.

¿Qué es lo que queremos decir con retórica?
Espero que sea claro que no estoy criticando a estos pastores metodistas. Simplemente estoy tratando de proveer una descripción precisa de la situación actual entre muchas iglesias estadounidenses. ¿Qué quieren decir los pastores de iglesias en crecimiento cuando dicen que la oración es una clave para su crecimiento, aunque no la incluirían en la lista de los 10 factores principales?

Estoy seguro de que quieren decir que:

- El poder de Dios está detrás de nuestro crecimiento. Jesús dijo: «Edificaré mi iglesia» (Mt 16.18). Pablo dijo: «Yo planté, Apolos regó; pero el crecimiento lo ha dado Dios». Nuestra iglesia está creciendo, no primordialmente debido al esfuerzo humano, sino mediante la bendición de Dios.
- Predico acerca de la oración a menudo. No es que he ofrecido muchos sermones completos acerca de ella, pero la menciono con frecuencia y le enseño a mi pueblo que ella es extremadamente importante para nuestras vidas personales y la vida de la iglesia.
- Oro regularmente por la iglesia, por su vida y por su crecimiento. Muchos otros en la congregación también oran frecuentemente por ella.

Aunque las declaraciones anteriores son verdaderas y admirables, si la vida de oración de una y otra semana de tales iglesias se evaluara en una escala de 1 a 10, estarían bastante bajas, aun si la evaluación fuera realizada por los pastores mismos.

No sé cuántas veces he escuchado a pastores decir: «El servicio de oración vespertina de los miércoles es la reunión más importante de la semana en nuestra iglesia». Pero, con raras excepciones, realmente no lo es. Es la reunión más tediosa, a la que menos personas asisten, la más rutinaria y más aburrida de la semana. En la mayoría de los casos, la iglesia crecería al mismo nivel con o sin la reunión vespertina de oración los miércoles.

La conclusión sincera es que la mayoría de las iglesias en crecimiento, al menos en los EE.UU., están creciendo debido a la aplicación consciente o inconsciente de principios sólidos de crecimiento eclesiástico acompañados por un nivel bastante bajo de oración. Todavía no he encontrado una iglesia que no crea en la oración y que la practique hasta cierto punto. Sin embargo, concuerdo con Terry Teykl. Creo que el crecimiento de esas iglesias sería mucho más dinámico si estuviera acompañado por un *alto nivel* de oración. Ahora mismo son autos de ocho cilindros corriendo con cuatro o cinco cilindros.

En este libro, deseo animar a los pastores para que hagan la transición de la *oración retórica* a la *oración activa*.

Creo que la oración puede:

- Ayudar a las iglesias en crecimiento a aumentar su nivel de crecimiento y a profundizar la calidad espiritual de sus iglesias.
- Renovar iglesias que no están creciendo.
- Cambiar la atmósfera espiritual de la comunidad en su totalidad para que haya más justicia social y receptividad evangelística.

De la retórica a la acción

Me considero en cierta medida un experto en la oración retórica. La practiqué de manera constante durante los primeros 25 años de mi carrera como ministro ordenado. Luego de varios años de transición, ahora estoy tratando de practicar la oración activa. Los últimos 5 años de mi ministerio han sido definitivamente los más excitantes y gratificadores de todos. La oración activa ha hecho la diferencia.

A medida que analizo la transición de la oración retórica a la oración activa, señalaría al menos tres áreas sobre las cuales las iglesias y los líderes eclesiásticos harían bien en concentrarse. Indudablemente hay muchas más, pero estas me parecen de suprema importancia. Las tres áreas son:

> **La manera más útil de comprender la oración activa es percatarse de que básicamente es una relación. Moramos en Dios a través de la oración. La oración nos acerca a la intimidad con el Padre. Es una relación personal.**

(1) comprender la naturaleza de la oración; (2) reconocer el poder de la oración; y (3) seguir las reglas de la oración.

CÓMO COMPRENDER LA NATURALEZA DE LA ORACIÓN

Las personas, por lo general, piensan que la oración es pedirle a Dios algo. Pero esto es sólo una parte de lo que es orar; no describe de manera precisa la *esencia* de la oración. La manera más útil de comprender la oración activa es percatarse de que básicamente es una relación. Moramos en Dios a través de la oración. La oración nos acerca a la intimidad con el Padre. Es una relación personal.

Cuando Jesús le enseñó a sus discípulos a orar, les dijo que comenzaran, «Padrenuestro que estás en los cielos» (Mt 6.9). Esta es una declaración no sólo de una relación, sino de una relación familiar. Lo más extraordinario acerca de la oración es que nos lleva hasta la presencia de Dios, no como si estuviéramos sentados en un estadio mirando su figura allá abajo en una plataforma, sino como si estuviéramos sentados juntos en nuestra sala.

La oración agrada a Dios

El libro de Apocalipsis habla de la oración sólo dos veces, y ambas la describen como incienso. En Apocalipsis 5, estamos mirando a la majestuosa escena del salón del trono en donde Jesús toma un pergamino sellado con siete sellos del Padre. Los 24 ancianos se postran a adorar y cada uno tiene «copas de oro llenas de incienso, que son las oraciones de los santos» (Ap 5.8). Entonces de nuevo en Apocalipsis 8, aparece un ángel en el altar para ofrecer incienso junto con las oraciones de todos los santos. «Y de la mano del ángel subió a la presencia de Dios el humo del incienso con las oraciones de los santos» (Ap 8.4).

A medida que el apóstol Juan escribe esto en Apocalipsis, ciertamente está familiarizado con el Salmo 141.2: «Suba mi oración delante de ti como el incienso, el don de mis manos como la ofrenda de la tarde». Esta era una referencia al altar del incienso en el tabernáculo. Aarón, el sacerdote, quemaba incienso allí todas las mañanas y todas las noches para simbolizar la relación diaria entre Dios y su pueblo.

Gracias a Jesucristo y a su muerte en la cruz, no tenemos que depender de un sacerdote como Aarón que queme incienso para recordarnos de nuestra relación con Dios. Nuestras oraciones en sí mismas son esa relación. Y cada uno de nosotros puede ir directamente a Él.

Dios disfruta de esta relación de oración. Le agrada la atmósfera producida por el incienso. Casi parece arrogante decirlo, pero Dios es bendecido por nuestras oraciones. Debido a Jesús tenemos el abrumador privilegio de una relación Padre-hijo con nada más y nada menos que el Creador del universo. Nos sentamos con Él en nuestra sala.

La oración activa es de dos direcciones

Aunque algunos pudieron no haber pensado en definir la oración como intimidad con el Padre, pocos de los que lean esto estarán en desacuerdo. Pero hay una implicación que va junto con el entendimiento de la oración como intimidad que muchos no aceptan de manera consciente. Si la oración es una relación, esta debe ir en dos direcciones, no sólo en una.

El Nuevo Testamento nos instruye a relacionarnos con Dios como Padre nuestro y asume que sabremos cómo hacer esto mediante lo que hemos aprendido a través de nuestras relaciones humanas. Al momento de escribir esto, mi padre tiene 87 años y vive a más de 4.800 kilómetros. Le dediqué este libro. Mantenemos nuestra relación mediante un sustituto funcional para la oración: el teléfono. Lo llamo al menos una vez a la semana, pero cuando lo hago hablamos los dos. Ni siquiera en una ocasión he esperado hablar en todo momento.

Sin embargo, a través de mis años de oración retórica, eso es más o menos lo que hacía con mi Padre celestial; era en una sola dirección. Le hablaba y jamás escuchaba para obtener respuesta. Oh, buscaba respuestas a mis oraciones, principalmente mediante circunstancias alteradas en mi vida. Pero, ¿escuchar su voz? Sabía que Juan dijo: «Lo que hemos visto y oído, eso os anunciamos, para que también vosotros tengáis comunión con nosotros; y nuestra comunión verdaderamente es con el Padre, y con su Hijo Jesucristo» (1 Jn 1.3), pero jamás concluí que, como parte de nuestra relación, Dios deseaba una conversación mutua.

Escuchar la voz de Dios es tan importante para la oración activa que me voy a ocupar de ella con cierto detalle en el próximo capítulo.

CÓMO RECONOCER EL PODER DE LA ORACIÓN

Para que la oración retórica llegue a ser oración activa, es esencial reconocer una verdad sencilla: *¡la oración da resultados!*

Con eso quiero decir que cuando oramos correctamente vemos respuestas a la oración. Las respuestas no siempre vienen de la manera que esperamos, pero con frecuencia vienen. Las respuestas no siempre llegan en el momento que las esperamos, pero frecuentemente llegan. Algunas veces las respuestas son parciales, pero a menudo no sólo satisfacen nuestras expectativas, sino que las exceden.

Se sabe que Dios «es poderoso para hacer todas las cosas mucho más abundantemente de lo que pedimos o entendemos» (Ef 3.20).

Estoy plenamente consciente de que muchos de los que están leyendo esto ya son personas que oran de manera activa y no hace falta convencerlos de que la oración da resultados. Es difícil para alguien creer que en nuestro mundo evangélico actual hay quienes nos desanimarían para que no le pidiéramos a Dios algo en oración esperando que, en respuesta, Él lo conceda. Pero así es.

¿Nos deberían excitar las respuestas a la oración?

Casi siempre evito las controversias, y continuaré haciéndolo aquí cambiando los nombres y los lugares. Pero creo que este asunto es absolutamente crucial para la participación total en el gran movimiento de oración de nuestros días, y por lo tanto voy a aclarar el asunto de manera tan precisa como pueda. Para identificarlo, diré que estoy citando un editorial oficial en una prominente publicación evangélica, conservadora, escrito y publicado dentro de los últimos 5 años.

El trasfondo del editorial fue un experimento de oración que recibió bastante publicidad realizado por el cardiólogo Randolph C. Byrd del Hospital General de San Francisco. Hice referencia al estudio en mi libro *How to Have a Healing Ministry* [Cómo tener un ministerio sanador] (Regal Books). Byrd dividió 400 pacientes cardíacos al azar en 2 grupos de 200. Más nadie, ni los pacientes ni el personal médico, sabían quién estaba en qué grupo. Un grupo de cristianos renacidos oraba por un grupo y nadie oró por el otro grupo. El grupo por el cual se oró desarrolló muchísimas menos complicaciones y murieron menos de ellos.

La mayoría de los cristianos que conozco se regocijarían con este hallazgo. Pero este editor en particular sintió que debía advertir a sus lectores en cuanto a un peligro que acechaba tras esa evidencia. Él contiende, por ejemplo, que no debemos utilizar este tipo de evidencia para enseñarle a nuestros hijos a orar. Si así lo hacemos, pueden ignorar la lección de más importancia: la obediencia. «Primero oramos para obedecer», dice, «no para ganancia».

Tampoco, sugiere él, debemos usarla para convencer a nuestras amistades para que oren más. Si así lo hacemos y luego alguna oración no es respondida, la oración en general puede perder su atractivo. Él piensa que difundir las buenas nuevas acerca de la oración respondida es como darle dulces a nuestros hijos. Puede saber bueno en ese momento. «Pero una dieta continua de dulces no es realmente una buena nutrición».

El editor resume su posición diciendo, «Reducir la oración a una técnica de complacencia propia enfermará nuestra teología».

La perpetuación de la oración retórica

La noción de que estamos más saludables teológicamente hablando si no esperamos respuesta a nuestras oraciones está vivita y coleando. No sé de ninguna otra cosa que contribuya más a perpetuar la oración retórica. Fui programado en esta manera de pensar en mi entrenamiento para el ministerio, pero dudo que alguno de mis profesores fueran tan atrevidos. Me pregunto cuál hubiera sido la respuesta del editor si su esposa, por ejemplo, hubiera sido uno de esos pacientes cardíacos que recibió oración.

Un estudio reciente de Margaret Poloma y George Gallup, hijo halló que aunque 88% de los estadounidenses oran a Dios de una u otra manera, menos de la mitad (42%) le piden cosas materiales que podrían necesitar. Y sólo 15% experimentan de manera regular la recepción de respuestas a peticiones específicas de oración.[3] Una de las razones por las que tan pocas personas practican la «oración suplicante» podría muy bien ser que la teología de nuestro amigo editor domina la escena en nuestros días, incluyendo a los evangélicos.

Poloma y Gallup encontraron que «muchos de los que piden reciben aquello por lo cual oraron». Su comentario:

---

3. Margaret M. Ploman y George H. Gallup, hijo., *Varieties of Prayer* [Variedad de oración], Trinity Press International, Filadelfia, PA., 1991, pp. 26,52.

«Una cosmovisión moderna y racional podría considerar a la oración suplicante como una forma de magia, pero es una forma de oración para la cual hay innumerables ejemplos bíblicos».[4]

Yo añadiría que un ejemplo bíblico primordial de orar por cosas materiales es el Padrenuestro, en el cual Jesús nos instruyó a orar, «El pan nuestro de cada día, dánoslo hoy» (Mt 6.11).

La soberanía de Dios y la ley de la oración

Si mal no recuerdo, en el seminario se me enseñó que la función más importante de la oración era cambiarme y moldearme. Dios jamás cambia. Es soberano y hará lo que desea ore yo o no. Una voz santa de ayer, la de R. A. Torrey, parece que estuviera hablando hoy. Torrey lamenta que las iglesias de sus días no oraban. Los cristianos, dice él, «creen en la oración como algo que tiene una benéfica «influencia refleja», es decir, algo que beneficia a la persona que ora... pero que la oración cause algo que no hubiera sucedido a no ser que hubiéramos orado, eso no lo creen, y muchos de ellos lo dicen francamente».[5] La oración retórica también era común en aquel entonces.

Por fortuna, las actitudes acerca de la oración están cambiando rápidamente en nuestros días. El gran movimiento de oración no estaría barriendo el globo si la oración no funcionara. Los proponentes de la oración activa no cuestionan de manera alguna la soberanía de Dios. Pero en base a la Escritura entienden que el Dios soberano ha establecido una ley de oración. Dios *desea hacer* muchas cosas, pero *no las hará* a menos que o hasta que el pueblo cristiano, mediante el uso de su libertad otorgada por Dios, ore y le pida que lo haga (véase Stg 4.2). Y esa oración no *viola* nuestra obediencia a Dios; es justamente lo opuesto.

---

4. *Ibid.*, p. 53.
5. R.A. Torrey, *The Power of Prayer*, [Poder de la oración], Zondervan Publishing House, Grand Rapids, Michigan, 1955, p. 15.

Se *hace* en obediencia a Dios (véanse Mt 6.8; 7.7-11; Lc 11.9-13).

Nadie puede cambiar a Dios, pero nuestras oraciones pueden influir directamente lo que Dios hace o deja de hacer. Esta es la manera en la cual Él mismo ha estructurado la realidad. «Clama a mí, y yo te responderé, y te enseñaré cosas grandes y ocultas que tú no conoces» (Jer 33.3). Suponga que no clamemos. La respuesta es demasiado obvia como para declararla.

Cuando oro, no le estoy diciendo a Dios qué hacer; Él no puede hacer nada en contra de su voluntad. Estoy orando para que lo que Él desee hacer se efectúe en realidad. Presumo que si no oro, algo que Dios desea no se realizará. Me encanta el título de un capítulo en la obra muy popular de Jack Hayford, *Oración a la conquista de lo imposible* (Editorial Clie) : «Si no lo hacemos, Él no lo hará».

Ningún grupo estima la soberanía de Dios más que los calvinistas. Por eso es que creo que la opinión de mi amigo Alvin Vander Griend acerca de esto es tan importante. Alvin proviene de la denominación Cristiana Reformada, que ha dado nombre a su seminario teológico en base a Juan Calvino. Vander Griend dice:

> Dios aguarda a que se le pida no porque es impotente sino debido a la manera en que ha elegido ejercitar su voluntad. No somos peones en un gigante tablero de ajedrez. Estamos involucrados. Sólo un punto de vista frío, duro y mecánico de la soberanía de Dios y la predestinación asume que Dios descuenta nuestra oración y simplemente se mueve de acuerdo con un plan determinado de una vez y para siempre. Ese no es el punto de vista bíblico acerca de Dios; se parece más al punto de vista fatalista, parecido al musulmán, que la Biblia repudia.[6]

---

[6]. Alvin Vander Griend, *The Praying Church Sourcebook* [Manual para la iglesia que ora], Church Development Resources, 2850 Kalamazoo Avenue, S.E., Grand Rapids, Michigan 49560, 1990, p. 7.

La oración cambia la historia

Nadie lo ha dicho mejor que Richard Foster en su clásico, *Alabanza a la disciplina*: «Estamos trabajando con Dios para determinar el futuro. Ciertas cosas sucederán en la historia si oramos de manera correcta».[7]

Uno de los libros acerca de la oración que estoy recomendando a mis estudiantes en el Seminario Fuller tiene un título llamativo: *And God Changed His Mind* [Y Dios cambió de parecer]. Lo escribió el hermano Andrés, que dice: «Los planes de Dios para nosotros no están cincelados en concreto. Sólo su carácter y naturaleza son incambiables; ¡sus decisiones no!»[8]

La Biblia ofrece varios ejemplos de Dios cambiando sus planes debido a la intercesión. Uno fue su afán de derramar su ira y consumir a Israel cuando Moisés regreso del Sinaí con las tablas de la Ley. Pero Moisés intercedió a favor de los israelitas. «Entonces Jehová se arrepintió del mal que dijo que había de hacer a su pueblo» (Éx 32.14).

Es importante que nos percatemos de que todo lo que sucede en este mundo no es la voluntad de Dios. No es un pensamiento agradable, pero Satanás es descrito nada menos que como «el dios de este siglo» (2 Co 4.4). Por ejemplo, Dios quiere que nadie perezca (véase 2 P 3.9), pero muchos perecen debido a que el dios de este siglo les ha enceguecido sus mentes (véase 2 Co 4.3, 4).

En la Escritura se nos dice que Daniel oró y Dios respondió a su oración el mismo día. Empero, la respuesta se tomó 21 días, no porque Dios fuera lento, sino porque el «príncipe de Persia» logró retrasarla (véase Dn 10). Al ocuparse de esto, Walter Wink sugiere: «Este nuevo elemento en la oración, la resistencia de los poderes a la voluntad de Dios, señala un rompimiento decisivo con la noción de que Dios

---

[7] Richard J. Foster, *Alabanza a la disciplina*, Editorial Betania, Miami, FL., 1995, p. 35 del original en inglés.

[8] Hermano Andrés, *And God Changed His Mind*, Chosen Books, Grand Rapids, Michigan, 1990, p. 15.

es la causa de todo lo que sucede».[9] Si Daniel no hubiera continuado ayunando y orando, ¿acaso hubiera llegado la respuesta? Probablemente no. Por eso es que la oración es tan importante y porqué la historia le pertenece a los intercesores, como diría Wink.

El Centro de Vida Cristiana

El Pastor Waymon Rodgers fundó el Centro de Vida Cristiana en Louisville, Kentucky, a comienzos de los ochenta. El Centro creció hasta 500 personas, pero entonces decreció de forma abrupta a unas 200. Rodgers se desanimó y comenzó a buscar otra iglesia. Entonces vino una palabra de Dios: «Te he llamado a Louisville, y te daré las llaves de la ciudad».

Resultó que la llave era la oración. Rodgers, que ahora está con el Señor, retó a 7 diáconos para que oraran con él 1 hora al día. Presentó la necesidad a la congregación y 100 de los 200 accedieron a orar regularmente por la iglesia. Comenzó a orar y mantuvo una cadena de oración 22 horas al día. La iglesia creció en fe y compró 154 hectáreas para instalar una montaña de oración estilo coreana con grutas de oración, cuartos estilo motel y una capilla. Designaron cada jueves como día de oración y ayuno.

En el Centro de Vida Cristiana, la oración no era mera retórica, era acción viva. La iglesia cambió casi instantáneamente. Creció casi a 2.000 y luego a 6.000. Para ese entonces se había convertido en el centro desde el cual se plantaron 55 nuevas iglesias en el estado.

La oración es poderosa. ¡Da resultados!

CÓMO SEGUIR LAS REGLAS DE LA ORACIÓN

He perdido la cuenta de cuantos libros acerca de la oración he leído durante los últimos años. Una de las cosas más sorprendentes es que difícilmente hay dos iguales. Es posible

---

[9]. Walter Wink, *Unmasking the Powers*, Fortress Press, Filadelfia, PA., 1986, p. 91.

que la oración sea un tema inagotable. Existen muchas «reglas de oración», pero deseo señalar las cuatro a las que aquellos que hemos estado practicando la oración retórica tenemos que prestarle atención particular si deseamos entrar en la oración activa.

Las cuatro reglas de oración que considero cruciales son:

- Orar con fe.
- Orar con un corazón puro.
- Orar con poder.
- Orar con persistencia.

PRIMERA REGLA: ORAR CON FE

Santiago nos dice que si nos hace falta sabiduría debemos pedírsela a Dios (véase Stg 1.5). Entonces añade: «Pero pida con fe, no dudando nada; porque el que duda es semejante a la onda del mar, que es arrastrada por el viento» (Stg 1.6). ¿Cuán importante es esto? Santiago dice que hace un mundo de diferencia. El que duda no debe pensar en recibir «cosa alguna del Señor» (Stg 1.7). Es claro que la fe es una regla importante para la oración.

Jesús le enseñó a sus discípulos acerca de la fe mediante el uso de un ejemplo gráfico: con fe podían decirle a una montaña que se echara al mar y así ocurriría (Mt 11.23). Entonces dijo: «Por tanto, os digo que todo lo que pidiereis orando, creed que los recibiréis, y os vendrá» (Mc 11.24).

¿Qué es la fe? «Es, pues, la fe la certeza de lo que se espera, la convicción de lo que no se ve» (Heb 11.1). Naturalmente, no le pedimos algo a Dios que ya tenemos, sino algo que todavía no tenemos. Lo esperamos. No lo vemos. Pero si tenemos fe, las cosas invisibles por las cuales esperamos tendrán sustancia. Esta no puede ser material, debe ser espiritual, pero aun así es sustancia. Si no le damos sustancia a las cosas que esperamos, dudaremos como las olas del mar y nuestras oraciones no serán respondidas. Habremos violado una regla de la oración.

A muchos les desagrada esta enseñanza. Creen que es peligrosa porque no da demasiada responsabilidad. No les agrada confrontar el hecho de que algunas veces (ciertamente no siempre) somos los culpables de que nuestras oraciones no sean respondidas. La acción activa requiere fe. ¿Permite Dios en algún momento excepciones a esta regla? Afortunadamente, para la mayoría de nosotros, incluyéndome a mí, sí lo hace. Pero seamos claros, esas son las excepciones, no la regla.

La teología de la prosperidad

Por años, he escuchado críticas del campo a la «superfé» o la «teología de la prosperidad». Pero según mi opinión, sus mejores proponentes simplemente están tratando de equilibrar la iglesia mediante el énfasis de una verdad bíblica que muchos de nosotros hemos tendido a ignorar, a saber, la función crucial que tiene nuestra fe humana para que se realice la voluntad de Dios.

También he escuchado críticas a la práctica de la «visualización». Cuando escuché por vez primera acerca de la visualización de amistades íntimas como David Yonggi Cho y Robert Schuller, sólo podía admitir que estas personas sabían algo que yo no sabía. Me ayudaron a entender lo que quería decir Hebreos 11.1 con «sustancia», y les agradecí.

¿Han ido muy lejos algunas de las personas de la superfé o de la visualización? Indudablemente así ha sido, pero se debe esperar esto cuando llega una gran corrección al Cuerpo de Cristo. ¿Han ido muy lejos algunos presbiterianos con la predestinación? ¿Han ido muy lejos algunas personas de la Iglesia de Cristo con la regeneración bautismal? ¿Han ido muy lejos algunos nazarenos con la santidad? ¿Han ido muy lejos algunas personas de las Asambleas de Dios con la glosolalia? ¿Han ido muy lejos algunos luteranos con la ley y el evangelio? Por supuesto.

El equilibrio llegará. Algunos en el campo de la prosperidad ya han reconocido que han exagerado la función de la fe en la oración respondida. Algunos se han percatado de que existió el peligro de sentirse que podían manipular a Dios; ellos saben que no deben hacer eso. Algunos han reconocido que la línea entre la prosperidad dada por Dios y la codicia desenfrenada se desvaneció un tanto. Algunos han confesado que han pedido y no han recibido porque pidieron de manera equivocada para «gastar en vuestros deleites» (Stg 4.3).

Sin embargo, teniendo en cuenta los riesgos, debemos concordar que orar con fe es una regla cardinal de la oración. Las respuestas llegarán o serán refrenadas en base a ello.

¿Cómo podemos orar con más fe?

La clave principal para orar con fe es conocer la voluntad de Dios. Juan nos dice: «Que si pedimos alguna cosa conforme a su voluntad, Él nos oye» (1 Jn 5.14).

El gran «si»

Algunas personas no han sabido cómo tratar la oración con fe y su vida de oración ha sufrido, por consiguiente. Se han preocupado tanto en cuanto a los peligros de la presunción y de manipular a Dios que han desarrollado un método garantizado de orar. Han descubierto que cuando introducen de manera prudente la palabra «si» en puntos estratégicos de su oración no necesitan preocuparse si reciben respuesta o no.

En su libro, *El poder de la oración tenaz*, John Bisagno tituló un capítulo «Si es tu voluntad». Y escribió: «Muchas oraciones maravillosas no han recibido respuesta porque se hicieron impotentes con la palabra «si» en medio de ellas». ¿Por qué hacen esto las personas? Bisagno sugiere la verdadera razón de fondo: «Realmente no creemos que Dios vaya a hacer nada así que tenemos una manera fácil de escaparnos en caso de que así sea: una cláusula de escape en palabras minúsculas».[10] En otras palabras, muchas personas no tienen una fe bíblica.

---

10. John Bisagno, *El poder de la oración tenaz*, Casa Bautista de Publicaciones, El Paso, TX., 1973, (pp. 19,20 del original en inglés).

Juan Calvino concordaría con Bisagno. En sus *Instituciones de la religión cristiana*, Calvino se pregunta en cuanto a qué clase de oración sería algo como esto: «Señor, dudo que desees escucharme, pero ya que estoy ansioso, escapo hasta ti para que, de ser digno, me puedas ayudar». Calvino asevera que las oraciones de los santos en las Escrituras no siguen este patrón. Nos amonesta a seguir las instrucciones del Espíritu Santo de acercarnos «confiadamente al trono de la gracia» (Heb 4.16). Juan Calvino dice, «La única oración que Dios acepta nace, por así decirlo, de tal presunción de fe, y se basa en una seguridad inconmovible de esperanza».[11]

A menudo hay una sutil suposición detrás de la frase: «Si es tu voluntad». La suposición es que no es posible conocer la voluntad de Dios antes de que oremos. Algunos citan Santiago 4.15: «En lugar de lo cual deberíais decir: Si el Señor quiere, viviremos y haremos esto o aquello», para justificar la suposición, quizás sin percatarse de que el contexto planifica un viaje de negocios, y no se dirige al Padre en oración.

Cómo conocer la voluntad de Dios

Pero, ¿podemos conocer la voluntad de Dios antes de que oremos?

Ciertamente. Dos grandes maneras de conocer la voluntad de Dios son: (1) leerla en la Escritura (véase 2 Ti 3.15, 16); y (2) pedirle a Él y obtener una respuesta (véase Jn 14.26; 16.13; 2 Ti 2.7; Stg 1.5-7).

La mayoría de lo que necesitamos saber acerca de la voluntad de Dios se nos revela en la Biblia. Conocemos su voluntad acerca de alimentar a los hambrientos, el sexo antes del matrimonio, la justicia para los oprimidos, el pago de los impuestos, la obediencia a nuestros padres y la

---

11. Juan Calvino, *Institución de la religión cristiana*, Nueva Creación/Eerdmans, Grand Rapids, MI, 1988, Libro III, capítulo XX:2, (pp. 864-865 del original en inglés).

armonía de las razas. La Biblia es clara en cuanto a estas cosas, así que cuando oremos en cuanto a ellas sabemos que estamos orando la voluntad de Dios.

En algunos círculos se está haciendo popular pasarse una buena proporción del tiempo de oración *Praying the Scriptures* [Orando las Escrituras], para usar el título de un excelente libro acerca del tema por Judson Cornwall. En su obra, Cornwall sugiere que el texto bíblico puede convertirse en la oración que recemos. Y dice: «Cuando se utiliza como el vehículo de nuestras oraciones, la Palabra de Dios puede declarar profundos deseos internos y pensamientos del alma-espíritu».[12] Cuando utilizamos las palabras de la Escritura para nuestras oraciones estaremos orando la voluntad de Dios.

La segunda manera de orar según la voluntad de Dios es pedirle que la determine antes de que oremos. Jesús dijo que Él sólo hizo lo que vio al Padre hacer (véase Jn 5.19). Nosotros debemos hacer lo mismo.

La clave principal para conocer la voluntad del Padre es pasar tiempo con Él. ¿Podemos conocer la voluntad de nuestro cónyuge? Luego de más de 40 años viviendo con mi esposa, es mejor que la sepa, y así es. Y ella conoce la mía. El día de nuestra boda ninguno de nosotros sabía lo que hoy sabemos. Pero aprendimos y pronto descubrimos que mientras más pronto aprendiéramos más felices seríamos. Lo mismo ocurre con nuestro Padre celestial. Mientras más tiempo pasemos con Él, más seguros estaremos de lo que es y no es su voluntad.

En el próximo capítulo se explicará cómo podemos escucharle mientras pasamos tiempo con Él.

Cuando conozcamos la voluntad de Dios, ya sea mediante la Escritura o a través de la comunicación directa con Él, entonces podremos orar con toda la fe que se espera de nosotros y ver las correspondientes respuestas a nuestras oraciones.

---

12. Judson Cornwall, *Praying the Scriptures*, Creation House, Lake Mary, Florida, 1990, p. 11.

SEGUNDA REGLA: CÓMO ORAR CON UN CORAZÓN PURO

Al recordar que la esencia de la oración es una relación íntima con el Padre, llega a ser obvio que cualquier pecado que obstruya esa relación, aunque sea de forma parcial, reducirá la efectividad de nuestras oraciones.

Isaías afirma el deseo de Dios de escuchar y responder a nuestras oraciones: «He aquí que no se ha acortado la mano de Jehová para salvar, ni se ha agravado su oído para oír» (Is 59.1). Empero, el pecado puede prevenir que suceda. «Pero vuestras iniquidades han hecho división entre vosotros y vuestro Dios, y vuestros pecados han hecho ocultar de vosotros su rostro para no oír» (Is 59.2). Ocuparse del pecado y tener un corazón puro es una regla establecida de la oración.

Jesús reconoció esto cuando, en el Padrenuestro, nos instruye a orar diariamente: «Perdona nuestros pecados» (Mt 6.12). (Las palabras más comunes, «deudas» o «transgresiones» son obsoletas y encubren el verdadero mensaje contemporáneo de esta oración.) Ya que todos los cristianos pecan de vez en cuando, tenemos que asegurarnos de que el registro esté limpio todos los días si esperamos respuesta a nuestras oraciones. Pedro nos recuerda: «Porque los ojos del Señor están sobre los justos, y sus oídos atentos a sus oraciones; pero el rostro del Señor está contra aquellos que hacen el mal» (1 P 3.12).

La confesión del pecado y el arrepentimiento son esenciales para orar bien. Asimismo lo es no pecar en el futuro, y por eso es que Jesús quiere que oremos, «no nos dejes caer en tentación» (Mt 6.13). Eso contribuye en mucho a purificar el corazón. Pero parece que de todos los pecados por los cuales nos tenemos que ocupar para orar bien, hay algo que está por encima: *el perdón*.

Perdonar a otros

La segunda parte de esta sección «perdona nuestros pecados» es, «así como perdonamos a aquellos que pecaron contra nosotros» (Mt 6.12). La razón por la cual dijo que el perdón está por encima de los pecados para orar bien es que esta es la única parte del Padre nuestro que Jesús enfatiza inmediatamente después de ofrecerla. Él dice: «Porque si perdonáis a los hombres sus ofensas, os perdonará también a vosotros vuestro Padre celestial; mas si no perdonáis a los hombres sus ofensas, tampoco vuestro Padre os perdonará vuestras ofensas» (Mt 6.14,15).

Suponga que realmente ha sido herido. Suponga que usted verdaderamente es una víctima. Suponga que usted no tuvo la culpa, pero que fue herido de manera severa por esa otra persona. Suponga que ellos rehúsan admitir que lo sienten. Suponga que ellos le dicen a otros que fue culpa suya. Qué debe hacer.

¡Perdonarlos! Así hizo Jesús.

Si perdona, su corazón será purificado. Las respuestas a sus oraciones no dependen de lo que su adversario haga o deje de hacer. Dependen de lo que haga *usted*.

Santiago 4 se ocupa de las oraciones que no reciben respuesta porque violan la regla del corazón puro. «Pedís, y no recibís» (Stg 4.3). ¿Por qué? Porque usted

- Tiene deseos incorrectos. Codicia, pelea y envidia (véase Stg 4.2).
- Tiene motivos incorrectos. Pide mal. No pide de acuerdo con la voluntad de Dios así que está fuera de rumbo (véase Stg 4.3).
- Tiene objetivos equivocados. Pide para satisfacer sus deleites. Es egoísta (véase Stg 4.3).

El fruto del Espíritu Santo en nuestras vidas enfocará de nuevo la manera en la cual venimos a Dios. El Espíritu Santo nos dará: (1) el deseo correcto: intimidad con el Padre; (2) el motivo correcto: glorificar a Dios; y (3) el objetivo correcto: hacer la voluntad de Dios. Esto nos ayudará a alinearnos, utilizando la regla de orar con un corazón puro.

TERCERA REGLA: ORAR CON PODER

Una de las razones por las cuales tendemos a no tener fe en nuestras oraciones es que no nos percatamos por completo de cuánto poder tenemos cuando venimos al Padre en nombre de Jesús. Una regla de oración que debemos seguir es usar el poder que ya se nos ha otorgado.

La diferencia entre una oración poderosa y una débil es el Espíritu Santo. Este fue la fuente del milagroso poder de Jesús (véanse Mt 12.28; Lc 4.1, 14-18; Hch 2.22; 10.38), quien les dijo a sus discípulos que ellos tendrían el mismo poder y que harían las obras que Él hizo (véase Jn 14.12). Antes de abandonar la tierra, Jesús les dijo a sus discípulos que eso era para su ventaja porque sólo entonces podrían recibir el pleno poder del Espíritu Santo (véase Jn 16.7-14). Les instruyó que aguardaran en Jerusalén hasta que recibieran este poder (véase Lc 24.49). Entonces justo antes de que Jesús se fuera al cielo, dijo: «Pero recibiréis poder, cuando haya venido sobre vosotros el Espíritu Santo» (Hch 1.8).

Aunque cada cristiano renacido disfruta de la presencia del Espíritu Santo en su vida, no todos la disfrutan en la misma medida. Algunos están llenos del Espíritu Santo en cualquier momento dado, mientras otros no. Yo podría estar lleno con el Espíritu Santo hoy, pero mañana tendré que renovar mi relación con Él (véase Ef 5.18). Algunos lo llaman bautismo en lugar de infusión. Distintos grupos le adjudican adornos doctrinales y prácticos. Pero el fenómeno es el mismo: aunque todos tenemos la presencia genérica del Espíritu Santo, la cantidad de poder de Él podría variar (véanse 1 Ti 4.14; 2 Ti 1.6).

Pedro fue uno de esos que fue lleno «del Espíritu Santo» (Hch 2.4) el día de Pentecostés. Pedro, sin embargo, fue «lleno del Espíritu Santo» de nuevo en Hechos 4.8 para su ministerio ante el Sanedrín. Aparentemente una vez no fue suficiente.

Nuestra diaria y constante renovación de la presencia del Espíritu Santo nos ayuda en los otros aspectos de la oración. Él nos ayuda a mantener un corazón puro porque una de sus obras es convencernos de pecado (véase Jn 16.8). Él nos ayuda a asegurarnos de que conocemos la voluntad de Dios a medida que entramos en la oración porque nos acerca al Padre (véase Ro 8.16; Gl 4.6). Él edifica nuestra fe porque somos animados al ver fluir el poder sobrenatural a través de nosotros y tocando a otros.

Cuando tenemos al Espíritu Santo, podemos orar verdaderamente con poder.

Cuarta regla: Orar con persistencia

Anteriormente mencioné que algunas veces las respuestas a nuestras oraciones no llegan tan rápido como esperamos. Cuando sucede esto, debemos continuar orando. Daniel, como hemos visto, oró 21 días antes de que llegara la respuesta a su oración (véase Dn 10.12, 13). Él nos demostró la regla de orar con persistencia.

Jesús habló acerca de «la necesidad de orar siempre, y no desmayar» (Lc 18.1), y entonces lo ilustró con la parábola de la viuda y el juez injusto. Aunque el juez no procuraba ocuparse del caso de la viuda, a la larga cambió de parecer debido a su persistencia. Este era un juez indecente, pero la persistencia pagó. Sin embargo, Dios no es indecente; es bueno. Si la persistencia fuera apropiada en el peor de los casos, cuanto más lo será con un Dios inclinado hacia el amor y la compasión.

Obviamente, se pudiera exagerar la persistencia. Creo que si tenemos fe y un corazón puro, nuestro patrón debería ser continuar orando hasta que suceda una de tres cosas.

Deje de orar cuando vea la respuesta. Esta es la más obvia de las tres.

Recuerdo que durante un receso en una conferencia que estaba ofreciendo en Texas, se me acercó un hombre que obviamente se le hacía difícil respirar. Él sabía que era un ataque de asma que podía amenazar su vida. Poco después de que comencé a orar por él tosió de manera ruidosa y fuerte, una misteriosa nube blanca salió de su boca y se evaporó en la atmósfera, y comenzó a orar de manera normal.

Menciono esto porque fue uno de esos momentos cuando en realidad podía ver respuesta a mi oración. Así que dejé de orar, alabé al Señor junto con él, y estuvo bien durante el resto de la conferencia. Jamás volví a orar por él.

Deje de orar cuando el Espíritu Santo le asegure que se ha ganado la batalla espiritual. Un pastor de Zambia que había estado estudiando en el Seminario Fuller por un tiempo finalmente hizo arreglos para traer a su esposa y sus cinco hijos a los EE.UU. Al comienzo del curso de 2 semanas, nos pidió que oráramos para que su familia obtuviera asientos reservados en el avión, de otra manera tendrían que viajar sólo si había espacio disponible. Y sería difícil hallar asientos vacíos.

El primer día que oramos, la familia del pastor no obtuvo los asientos en el avión. Pero persistimos y oramos cada día durante esa primera semana. En dos ocasiones más se le rehusaron asientos a su esposa. El lunes de la segunda semana, gentilmente le sugerí que continuáramos orando por ella. Pero el pastor dijo que no debíamos orar. Dios le había dicho durante el fin de semana que había respondido a nuestras oraciones, y sintió que si continuaba orando mostraría falta de fe en la certeza que Dios le había dado. Dijo que era tiempo de cambiar de la fe a la esperanza.

Esta clase de experiencia era nueva para mí, pero no para el pastor de Zambia. Los africanos pueden saber cosas que los estadounidenses no conocen. Seguí su sugerencia, y Dios fue fiel. ¡La familia vino en el próximo avión!

A medida que el pueblo cristiano se sintonice de manera más precisa con la naturaleza de la oración, a medida que se muevan en el poder de la oración y mientras sigan las reglas de ella, veremos muchas de nuestras iglesias transformarse y nuestras comunidades abrirse al evangelio.

Deje de orar cuando Dios diga que no. El apóstol Pablo deseaba desprenderse de su aguijón en la carne, cualquiera haya sido. Fue lo suficientemente persistente como para pedirle al Señor tres veces que lo eliminara. En este caso Dios dijo que no y, aunque no siempre hace eso, se lo explicó a Pablo. Dios le dijo que necesitaba el aguijón en la carne para que no se exaltara desmedidamente (2 Co 12.7).

Por supuesto, no es un principio orar tres veces como hizo Pablo en este caso. Dios podría desear que oremos 30 ó 300 veces. Creo que nuestra tendencia humana es concluir que la respuesta es no antes de así mostrarse. Yo casi hice ese error al orar por la salvación de mi padre y de mi madre. Fue después de 42 años de persistencia (debo confesar que fue irregular en ocasiones) que entregaron sus vidas a Jesucristo.

Nuestra oración retórica *puede* llegar a ser oración activa, y estoy viendo pasar esto en iglesias a través de los EE.UU. y en otras partes del mundo. A medida que el pueblo cristiano se sintonice de manera más precisa con la naturaleza de la oración, a medida que se muevan en el poder de la oración y mientras sigan las reglas de ella, veremos muchas de nuestras iglesias transformarse y nuestras comunidades abrirse al evangelio.

—PREGUNTAS DE REFLEXIÓN—

1. ¿A qué se debe que muchos pastores dirían que la oración es la actividad más importante de su iglesia cuando en realidad no lo es?
2. Si concordamos en que la verdadera esencia de la oración es intimidad con el Padre, ¿cuáles son algunas de las aplicaciones concretas que tendrán que realizarse en nuestras vidas personales de oración?
3. Algunos sienten que debemos difundir las respuestas tangibles a la oración con entusiasmo, otros proponen una actitud más modesta y reservada hacia el deseo de

respuestas explícitas. Discuta las ventajas y las desventajas de cada lado.
4. ¿En qué sentido hace la oración que Dios «cambie de parecer» como dice un autor? ¿Qué acerca de Dios no puede alterarse a pesar de las iniciativas humanas?
5. «Que se haga su voluntad» a menudo es parte de nuestras oraciones. Presente algunas ocasiones cuando esto es apropiado y otras en las que podría ser inapropiado.

CAPÍTULO TRES

Cómo escuchar la voz de Dios

UN SÁBADO POR LA NOCHE EN 1991 FUE MUY inquieto para mí. De vez en cuando sentía que se estaba lidiando cierta clase de guerra espiritual. Cuando desperté tenía la leve impresión de haber soñado con un espíritu de homosexualidad.

Era algo inusual. Normalmente duermo bien y casi no sueño. Hasta ahora, a diferencia de muchos de mis amigos, no he recibido revelaciones de Dios en sueños. Y cuando los tengo les presto poca o ninguna atención. A este en verdad, no le presté mucha atención. Tengo muchos problemas en mi vida, pero el de la homosexualidad jamás ha estado ni siquiera cerca.

Una palabra del Señor

Sin embargo, a la mañana siguiente en la Escuela Dominical, me sentí inclinado a darle una palabra a mi clase. Esto también era raro. Durante los últimos años, podía contar con mis dedos las veces que lo había hecho. Sentí que era una palabra del Señor, así que la expresé públicamente:

«Hay alguien aquí esta mañana a quien se le están acercando para una relación homosexual, que no desea, pero que es difícil de rehusar, y necesita ayuda. Dios le proveerá esa ayuda». Sabía que era una relación masculina, pero no había mencionado esa parte.

Al día siguiente el tesorero de la clase, Rocky Lloyd, me llamó. Dijo que el domingo por la noche fue a la iglesia y recibió una enseñanza bíblica excelente. Se sentía bien en cuanto al servicio de la iglesia y se fue a la casa a pasar el resto de la noche estudiando la Biblia. Esa noche recibió dos llamadas telefónicas de hombres distintos, que no estaban relacionados el uno con el otro, a los cuales Rocky les había testificado en algún momento en el pasado. Él también sabía que cada uno de ellos vivía un estilo de vida homosexual, ambos le solicitaron una relación sexual con él esa noche.

La oración activa es una oración de dos direcciones. Le hablamos a Dios y Él nos habla a nosotros, así como yo y mi padre terrenal hablamos el uno con el otro.

Aunque Rocky no se inclinaba personalmente en esa dirección, me llamó para decirme que estaba agradecido porque Dios le había advertido en cuanto a ello mediante la palabra que me había dado, y que alababa a Dios por armarlo esa misma noche con la espada del Espíritu. También dijo que había recibido ayuda directa de la oración esa

Cómo escuchar la voz de Dios 61

misma mañana. En un momento de la Escuela Dominical, sin que nadie tuviera idea alguna en cuanto a quién podría aplicar la palabra de Dios, Dave Rumph se le acercó y le dijo, «Dios me está diciendo que ore por ti, pero no sé por qué». Dave oró por Rocky y fue un día victorioso en todo sentido.

¿De dónde vino esta información? Obviamente fue una comunicación directa de Dios para conmigo y también para Dave Rumph. Más importante aún, fue una palabra de Dios para Rocky Lloyd a través de Dave y yo.

En el capítulo anterior, mencioné que la oración activa era de dos direcciones. Hablamos con Dios y Él nos habla a nosotros, así como mi padre terrenal y yo hablamos cuando lo llamo por teléfono. Esto debe ser evidente para los cristianos bíblicos, y así lo es para muchos. Pero un segmento bastante grande de la iglesia más bien se enoja con la idea de que escuchamos de parte de Dios en estos días y en esta época. Las personas generalmente aceptan la idea de que Dios nos guía y nos dirige mediante un arreglo divino de las circunstancias de la vida, pero pretender «escuchar» directamente a Dios es percibido como algo que no es respetable. Es particularmente sospechoso si de alguna manera damos la impresión de que estamos citando palabras de parte de Dios, o si estamos parafraseando lo que creímos haber escuchado.

¿Fue apropiado que me parara en público y expresara lo que creía era una palabra de Dios?

¿Fue apropiado que Dave Rumph dijera: «Dios me está diciendo...?»

«JOHN MAXWELL ORA HOY»

Hace poco estaba enseñando en el curso doctoral de ministerio en el Seminario Fuller a unos 50 pastores. Al comenzar cada día del curso intensivo de dos semanas, generalmente le pido a uno de los pastores que sea el líder de oración de la clase y pasamos 45 minutos orando juntos. Temprano en la mañana en mi tiempo personal de oración saco la lista de la clase y oro por mis estudiantes, pidiéndole a Dios que me muestre quién debe ser el líder de oración en esa ocasión. Durante los primeros 2 ó 3 días, usualmente pongo una marca al lado de los nombres de unos 10 ó 15 que siento podrían ser líderes potenciales.

Sucede que mi buen amigo John Maxwell, pastor de la Iglesia Wesleyana Skyline en San Diego, estaba tomando el curso. Sin embargo, no marqué su nombre por ser tan reconocido como maestro de pastores a través del país. Pensé: (1) John no necesita estar al frente de nuevo; y (2) no quiero que piensen que estoy lisonjeando a una celebridad en nuestro medio. Decidí que otros orarían en esta ocasión.

Dios tomó otra decisión. Mientras oraba sobre los nombres señalados el lunes en la mañana de la segunda semana, escuché claramente a Dios hablar a mi espíritu: «John Maxwell ora hoy». Eso me bastó. Llamé a John Maxwell, él dirigió, y resultó ser uno de los momentos de oración más profundos y poderosos de las dos semanas.

El próximo día John y yo cenamos juntos. Me dijo: «Sabía que me ibas a pedir que orara ayer. La noche anterior le dije a Dave Freshour: "¡Voy a orar mañana por la mañana!"»

Esta vez ninguno de los dos hizo público lo que habíamos escuchado de parte de Dios. Pero cuando comparamos las notas de manera privada estábamos jubilosos. Ambos nos identificamos con tradiciones teológicas muy conservadoras, pero habíamos llegado a creer que Dios habla hoy en día y que podemos escucharle lo suficientemente claro como para casi citar sus palabras. ¡Esa vez sí lo escuchamos!

«Y CITO»

Jack Hayford aceptó esta verdad mucho antes que John Maxwell o yo. Lo dice tan atrevidamente como cualquiera. Cuando usa el término. «Dios me habló», Hayford dice, «estoy siendo más específico que la revelación general o las impresiones internas privadas. Me reservo esas palabras de manera intencional para las raras y especiales ocasiones cuando, en mi espíritu, el Señor me ha hablado directamente. No quiero decir, "me sentí impresionado" o "sentí de alguna manera"». Hayford afirma que el Señor le dice *palabras* a él. «Esas palabras han sido tan distintivas que casi me siento capaz de decir, "y cito"».[1]

Reconociendo plenamente mi pecaminosidad y humanidad, creo apropiado reclamar que estoy citando al Altísimo Dios diciéndome, «John Maxwell ora hoy».

También estoy consciente que algo de esto suena como absoluta arrogancia. «¿Quién se cree Peter Wagner para que el Creador del universo baje a hablarle?» Sobre todo acerca de cosas relativamente insignificantes como resistir ofertas homosexuales cuando quizás ni siquiera había tentación homosexual, o pedirle a una persona en particular para que orara en una aula.

¿REVELACIÓN DE DIOS HOY DÍA?

Comprendo muy bien esa manera de pensar porque así lo hice yo durante una buena parte de mi carrera como ministro ordenado.

En el seminario, se me enseñó que la revelación general de Dios estaba disponible a todos los humanos a través de la creación, pero que su revelación especial estaba limitada a la Escritura Sagrada. Dios pudo haberle hablado directamente a los apóstoles y a los profetas, pero ellos escribieron lo que Él dijo, y cuando se concordó el canon del Antiguo y del Nuevo Testamento, no hacía falta más revelación. Después de todo, Hebreos 1.1,2 dice: «Dios, habiendo hablado muchas veces y de muchas maneras en otro tiempo a los padres por los profetas, en estos postreros días nos ha hablado por el Hijo». Dios ha dicho lo que hacía falta decir.

---

1. Jack W. Hayford, *Glory on Your House* [Gloria en su casa], Chosen Books, Grand Rapids, Michigan, 1991, p. 139.

Si leemos y aplicamos la Escritura, no tenemos necesidad de ninguna otra revelación de parte de Dios.

Ahora bien, todavía tengo una gran opinión de la infalibilidad bíblica, pero también estoy consciente de que Dios tiene cosas que decirnos que no están en la Biblia. Cuando tomé la decisión de casarme con Doris, por ejemplo, no tuve un versículo bíblico que me dijera que ella era. Lo mismo ocurrió cuando acepté el llamado a unirme a la facultad del Seminario Fuller. O al invitar a Alice Smith para que fuera la intercesora I-1 de Doris y yo.

Los que han leído *Escudo de oración*, el segundo libro de esta serie *Guerrero en oración*, sabrán que me gusta hacer la distinción entre los intercesores I-1, I-2 e I-3 a quienes Dios ha llamado de manera específica a orar por nosotros y por nuestro ministerio. Actualmente, Doris y yo tenemos 18 I-2 y un I-1, para un equipo íntimo de compañeros intercesores de oración de 19. Creo que sólo Dios elige los intercesores I-1, así que es imperativo escuchar de parte de Dios antes de establecer tal relación.

Una razón por la cual es importante que Dios mismo fundamente esta relación es que Él, por lo general, le hablará de manera directa al intercesor acerca de la persona por la cual él o ella está orando. Por ejemplo, el 15 de noviembre de 1990, Alice Smith escribió en su diario:

> Aproximadamente a la 1:15 p.m. hora de Houston, hubo peligro para Peter Wagner. A medida que comencé a interceder, el Señor me dio una visión de un principado que provenía del sur. Era tan grande como un hombre y se cernía sobre Peter con una flecha en su mano apuntando al corazón. Yo gritaba: «Sálvalo, Señor. Ten misericordia de él y sálvalo». El Señor reveló que era un espíritu de muerte. Le pregunté al Espíritu Santo si Peter estaba bien y me dijo: «Su vida está en equilibrio».
>
> ¡De mí se derramaba dolor! Llamé y le pedí a Eddie [el esposo de Alice] que orara. Mientras clamaba por misericordia, recordándole al Padre de Sus planes para Peter, recitando la Escritura y luchando contra las fuerzas

de las tinieblas, el Señor me dijo el Salmo 144 a mi corazón. Era una palabra para Peter.

Entonces a la 1:57 p.m., así como vino esto, vi un ángel del Señor venir y quitarle la flecha de la mano del principado, romperla sobre su rodilla, y ¡salir hacia el este! El espíritu de muerte simplemente se desvaneció.

¿Qué podemos deducir de esto?

¿Es ésta una mujer que está emocionalmente perturbada y que tiene una imaginación hiperactiva? ¿Ha estado leyendo demasiado los libros de Frank Peretti? ¿Es una fanática descabellada?

No si es que soy un juez de carácter razonable. Alice es una maravillosa madre y mujer. Es muy competente en su campo de bienes raíces. Eddie, su esposo, es un pastor bautista del sur, y ella es activa en la iglesia. Es mujer santa y es solicitada como maestra bíblica y conferencista. También es una intercesora reconocida internacionalmente. Además escucha a Dios de manera un tanto más regular que el resto de nosotros.

Los lectores de *Escudo de oración* podrán recordar que relaté esta historia allí incluyendo algunos detalles adicionales. Como dije en ese libro, todavía creo que la oración de Alice salvó mi vida física en 1990.[2] Pero esta vez lo repito para enfatizar cuán crucial ha sido su ministerio y cuánto parte del mismo depende de escuchar la voz de Dios.

Escribir lo que Dios dice

Aunque no escucho directamente a Dios con demasiada frecuencia, la decisión de pedirle a Alice que fuera nuestra intercesora I-1 vino luego de uno de esos eventos especiales. Mientras tenía mi acostumbrado momento de oración matutina, encontré mi mente llena de pensamientos que claramente no eran míos. Para ese entonces estaba aprendiendo

---

2. C. Peter Wagner, *Escudo de oración*, Editorial Betania, Miami, FL, 1995, pp. 161—162.

cómo reconocer la voz de Dios, pero lo que me sorprendió fue la claridad con la que las palabras mismas llegaban. Saqué un bolígrafo y una libreta y comencé a escribirlas, percatándome de que era la primera vez que había hecho algo así. He aquí lo que escribí, sin pausa alguna:

> Todavía no sabes cuán importante va a ser Alice Smith en la guerra espiritual a favor tuyo. Llegará a ser tu intercesora más poderosa. No tendrás una relación personal particularmente estrecha con ella. No tendrás que decirle todo por lo cual ha de orar porque ella me es muy querida y me escucha bien. Yo le haré saber cómo ha de orar día a día y semana tras semana. No necesitas recompensarla; sus recompensas vendrán directamente de mí.
> La he estado preparando para este ministerio, proveyéndole equipo especial, y mostrándole cómo utilizarlo. Su nombre será conocido y temido entre las fuerzas del mal. La odiarán y tratarán de destruirla, pero sufrirá poco. Su esposo será un apoyo y su protección.
> Estoy haciendo esto porque te he elegido para un ministerio que requiere el más alto nivel de intercesión. He estado trayendo personas nuevas a tu vida que te amarán a ti y a Doris y que lucharán y ganarán batallas espirituales. No sabrás nada acerca de muchas de estas batallas, pero te hubieran destruido sin la intercesión. Los intercesores te serán fieles y estarás libre de restricciones que el enemigo te ocasione. Has sufrido por mí, y tu sufrimiento prácticamente se ha acabado.

Mientras escribía estas palabras, sentí que estaba escribiendo cierta clase de revelación divina. Fue una palabra muy importante de parte de Dios en un momento crucial de mi vida y mi ministerio. La expresé a Alice cuando Doris y yo la invitamos a ser nuestra intercesora I-1, pero si mal no recuerdo no la había dado a conocer, palabra por palabra, a nadie más hasta ahora.

EL MOVIMIENTO EVANGÉLICO COMÚN

El movimiento evangélico común ha cuestionado la clase de comportamiento que acabo de describir. «Así dice el Señor» está bien para Isaías o Ezequías o el apóstol Pablo, pero ahora tenemos algo más que lo que ellos tuvieron: el canon cerrado de la Escritura. Dios obra de manera diferente hoy en día. Mis maestros de teología me enseñaron a decir, «No esperamos que Dios se involucre actualmente en actividades de revelación». Pablo le escribe a Timoteo que la Escritura inspirada es «útil para enseñar, para redargüir, para corregir, para instruir en justicia, a fin de que el hombre de Dios sea perfecto, enteramente preparado para toda buena obra» (2 Ti 3.16, 17).

Si la Escritura nos equipa completamente, dice el argumento, ¿qué más necesitamos? Esperar escuchar la voz de Dios hoy como lo hicieron los profetas de ayer va más allá de lo que permite la Escritura.

Esta manera de pensar, por supuesto, restringe cualquier concepto de oración en dos direcciones. Desde que aprendí acerca de la oración activa, no puedo hablar de la oración por mucho tiempo sin hablar acerca de escuchar a Dios. Pero esto es bastante reciente para mí. Por lo tanto, no me sorprendo al leer un artículo por Billy Graham, «Power When You Pray» [Poder cuando oras], y no ver referencia alguna a escuchar la voz de Dios.[3]

No cito esto para criticar a Billy Graham en manera alguna, sino simplemente porque él es el vocero más visible de nuestra corriente tradicional evangélica. También reconozco que un breve artículo no permite el espacio para decir todo lo que hace falta en cuanto a la oración, y que Graham podría muy bien creer que nosotros, de hecho, actualmente recibimos comunicación reveladora de Dios.

Pero para ampliarlo todavía más, permítanme hacer referencia al Comité de Evangelización Mundial de Lausana (CEML), que tuvo una masiva Asamblea Internacional de Oración en Seúl, Corea, en 1984. Vonette Bright y Ben

---

3. Billy Graham, «Power When You Pray», *Decisión*, mayo 1989, pp. 1-3.

Jennings dirigieron la reunión, junto con Kim Joon-Gon y Thomas Wang, a la cual asistieron representantes de 71 países. El programa presentó 94 conferencistas. Luego se publicó un libro, *Unleashing the Power of Prayer* [Cómo desatar el poder de la oración], que presentó la contribución de 23 de esos distinguidos líderes de oración.[4]

Mi punto es este: ninguno de estos destacados mensajes trata de la oración en dos direcciones o de escuchar la voz de Dios. No quiero decir que ninguno de los conferencistas negaría escuchar a Dios, pero simplemente no fue una prioridad lo suficientemente alta como para destacarla en este hito literario.

LA RECEPCIÓN DE «DESEOS DOMINANTES»

Cuando recuerdo mis años como misionero, los años cuando no esperaba escuchar a Dios, reconozco que a pesar de ello creíamos que Dios respondía a la oración. No nos decíamos el uno al otro: «Dios me dijo tal o cual cosa», pero testificaríamos, por ejemplo, que Dios me había «llamado a Bolivia». Usualmente asumíamos que las respuestas a la oración llegaban en la manera en la cual se arreglaban nuestras subsiguientes circunstancias por la mano de un Dios soberano en lugar de mediante cualquier comunicación verbal directa. Pero un artículo en una revista que leí recientemente me recordó que también éramos guiados por algo que se nos permitía llamar «deseos dominantes».

Este artículo era acerca del ministerio de uno de mis directores misioneros en Bolivia, Bill Hammond. En 1950, el año de mi conversión, Bill y otros misioneros con la Misión Sur América estaban tratando de hacer contacto inicial con los indios ayoré, una tribu guerrera salvaje, que unos años antes habían asesinado a cinco integrantes de la Misión Nuevas Tribus.

---

4. Vonette Bright y Ben A. Jennings, eds., *Unleashing the Power of Prayer*, Moody Press, Chicago, Illinois, 1989.

Bill Hammond, que había estado orando por el contacto con los ayorés, sintió un día un «deseo dominante» de ir a El Encanto. No sería algo común porque implicaba un arduo viaje a caballo de casi 121 kilómetros por una jungla hostil a través de senderos inundados durante la temporada de lluvia. Empero, «el deseo no lo dejaba». Así que Bill salió a buscar a un compañero boliviano, Angel Bravo, a quien encontró en el camino en busca de él. Esa mañana, según la autora Edith Norwood, «Angel había tenido el mismo irrazonable deseo». Así que realizaron el viaje, el cual se convirtió en histórico. Ellos establecieron el primer contacto pacífico con los ayorés.[5]

Nadie se cuestiona mucho, aun los evangélicos comunes, que Bill Hammond y Angel Bravo oyeron a Dios. Él les dijo a Hammond y a Bravo que fueran a El Encanto. Ya sea que lo llamemos «deseo dominante» o una palabra de conocimiento, lo vemos como una instrucción lo suficientemente fuerte de Dios como para lanzarse a algo tan significativo en un viaje misionero en el que posiblemente se arriesgue la vida.

Esto podría ser un asunto de semántica. A lo mejor la mayoría de los evangélicos, cuando piensan acerca de esto, realmente creen que hay cierta clase de actividad reveladora de parte de Dios hoy disponible.

¡Sólo que no la llame «profecía»!

EL MOVIMIENTO PROFÉTICO MODERNO

Cuando escribí mi libro *Your Spiritual Gifts Can Help Your Church Grow* [Sus dones espirituales pueden ayudar a su iglesia a crecer], en el 1979, confronté una decisión difícil. ¿Cómo habría de definir el don de profecía mencionado en Romanos 12.6, 1 Corintios 12.10 y Efesios 4.11, las tres listas principales de dones en el Nuevo Testamento?

---

5. Edith Norwood, «SAM's Hall of Fame: William F. Hammond», *Windows*, abril-junio, 1989, p. 4.

Hacía poco que había regresado de Bolivia en donde se nos hizo más fácil hablar de deseos que de palabras. La mayoría de los comentarios que tenía decían que el don de la profecía se relacionaba con la predicación efectiva y la exposición de la Palabra de Dios. Pero en ese entonces también había hecho investigaciones minuciosas acerca del crecimiento eclesiástico en los movimientos pentecostales y carismáticos y había comenzado a escuchar personas lo suficientemente valientes como, para usar las palabras de Cecil M. Robeck, hijo, «para reclamar que él o ella habla en favor de Dios».[6]

Luego de bastante oración, estudio y consulta, decidí irme por la tangente y definirla no como predicación, sino como revelación. Dije: «El don de la profecía es la capacidad especial que da Dios a ciertos miembros del Cuerpo de Cristo para recibir y comunicar un mensaje inmediato de Dios a Su pueblo mediante una declaración ungida divinamente».[7] No me he arrepentido. Por un lado, no he recibido la crítica que anticipé. Por otro lado, establecí el fundamento para una comprensión bíblica de la oración en dos direcciones aun antes de practicarla.

Una razón principal, creo yo, para la falta de crítica era que alrededor de ese tiempo el Espíritu Santo comenzó a hablarle a las iglesias en general acerca de una renovación del ministerio profético. Esto había comenzado anteriormente en círculos carismáticos y pentecostales, pero alrededor del 1980 comenzó a extenderse a través de las tradiciones históricas y evangélicas. En ese entonces, un erudito evangélico bíblico de importancia, Wayne Grudem de la *Trinity Evangelical Divinity School* [Escuela de Divinidad Evangélica La Trinidad], estaba realizando su investigación doctoral en la Universidad de Cambridge en Inglaterra. Los

---

[6]. Cecil M. Robeck, hijo, «Gift of Prophecy» [Regalo de profecía], *Dictionary of Pentecostal and Charismatic Movements*, Stanley M. Burgess y Gary B. McGee, eds., Zondervan Publishing House, Grand Rapids, Michigan, 1988, p. 738.

[7]. C. Peter Wagner, *Your Spiritual Gifts Can Help Your Church Grow*, Regal Books, Ventura, California, 1979, p. 259.

hallazgos de Grudem fueron publicados luego en su influyente libro, *The Gift of Prophecy in the New Testament and Today* [El don de la profecía en el Nuevo Testamento y en la actualidad]. Exactamente al mismo tiempo, otros eruditos serios como David Hill y David Aune estaban investigando y escribiendo acerca de la profecía neotestamentaria.[8]

Sabiduría de ambos campos

Wayne Grudem tiene palabras de sabiduría para ambos campos. El proviene, como yo, del campo tradicional evangélico, por lo tanto la orientación general de su libro procura pedirle a los evangélicos que «le den cierta consideración a las enseñanzas del Nuevo Testamento acerca del don de la profecía, y a la posibilidad de que, en ciertos contextos, y siguiendo ciertas salvaguardias, este don podría ofrecer mucha edificación personal y nueva vitalidad a la adoración».[9] Como resultado de la influencia de Grudem, junto con otros puntos de luz que Dios ha utilizado, muchos evangélicos ahora están haciendo lo que él sugiere.

Al mismo tiempo, Grudem apela a los pentecostales y a los carismáticos a que sean menos agresivos al declarar: «Así dice el Señor», sonando sin así desearlo como si la palabra profética está al mismo nivel que la Biblia. Él señala que aunque *enseñan* que no está al mismo nivel, su *práctica* a veces lo hace ver de esa manera. Creo que los cristianos más concienzudos de cada campo concordarían con Grudem cuando dice: «Lo que se declara en cualquier profecía actual no es la palabra de Dios, sino simplemente un ser

---

[8]. Véase a David Hill, *New Testament Prophecy* [Profecía del Nuevo Testamento], John Knox Press, Atlanta, Georgia, 1979 y David Aune, *Prophecy in Early Christianity and the Ancient Mediterranean World* [Profecía en el cristianismo primitivo y el mundo antiguo del Mediterráneo], William B. Eerdmans Publishing Company, Grand Rapids, Michigan, 1983.

[9]. Wayne Grudem *The Gift of Prophecy in the New Testament and Today* [El don de profecía en el Nuevo Testamento y hoy], Crossway Books, Westchester, Illinois, 1988, p. 14.

humano reportando en meras palabras humanas algo que Dios ha traído a colación».[10]

Debido a que Dios está hablando al extenso Cuerpo de Cristo acerca de la profecía actual, nuestro Curso de Oración Unida 2000 A.D., que junta enormes cantidades tanto de evangélicos como carismáticos, ha tenido que escribir una declaración de la política del uso de la profecía en eventos interdenominacionales. Aunque reconocemos que varias iglesias, denominaciones y ministerios practicarán ministerios proféticos de maneras diferentes en sus reuniones, y aunque no intentamos criticar la manera en que otros lo hacen, a pesar de ello requerimos normas para mantener la armonía cuando estamos orando todos juntos. He aquí la política del 2000 A.D.:

> Exhortamos a que se escuche a Dios y a que se utilicen los dones proféticos. La prudencia al comunicar palabras de parte de Dios en una reunión interdenominacional evitará frases tales como «así dice el Señor» o utilizar la primera persona para Dios. Las profecías pueden orarse de vuelta a Dios: «Dios, te escuchamos decir» o expresarse al grupo con declaraciones como: «Creo que Dios podría estar diciéndonos» y esperar que otros concuerden si es una palabra verdadera.

¿Cómo ha operado esto? Admito que es difícil quebrantar los hábitos y de vez en cuando las personas se involucran emocionalmente en una ferviente temporada de oración y violan las reglas. La mayoría de las personas presentes en una reunión como esa toman una actitud indiferente. Sabemos de dónde viene la otra persona. Pero en momentos de más calma, todavía no he encontrado un líder de oración que esté en desacuerdo con la política o que desee violarla de manera habitual.

Un terremoto en Fuller

En 1979 definí correctamente la profecía en mi libro, *Your Spiritual Gifts* [Sus dones espirituales], pero no estaba listo

---
10. *Ibid.*, p. 262.

para involucrarme en su aplicación cuando Paul Cain aterrizó en California el 3 de diciembre de 1988. No tenía manera de saber que John Wimber había invitado a este hombre, que tenía reputación de profeta, para dirigirse al liderazgo de su *Vineyard Ministries International* [Ministerios Viñedo Internacional] por recomendación de Jack Deere, antiguo profesor del Seminario Dallas. O que este extraño de Texas le había confirmado a John por teléfono que tenía un mensaje de Dios; un terremoto habría de conmover el sur de California el día que llegara y el epicentro estaría bajo el Seminario Fuller.

Todo lo que sabía en aquel entonces era que me pasé casi todo el 3 de diciembre recogiendo libros del suelo de mi oficina en el Seminario Fuller y colocándolos en los estantes luego de un terremoto de 5.0 esa mañana. El epicentro estaba bajo la alcaldía de la ciudad de Pasadena, a un bloque del recinto del seminario. ¡Lo suficientemente cerca!

Considerando este memorable incidente, mi escepticismo persistía todavía. Un mes después, en enero, asistí a la conferencia en la iglesia Vineyard en Anaheim, California, escuché a Paul Cain, y me fui poco impresionado. Pero luego de que Doris y yo cenamos con John y Carol Wimber un par de ocasiones ese invierno y en la primavera, me convencí de que este nuevo movimiento profético era verdadero.

El libro de Wayne Grudem, *The Gift of Prophecy* [El don de la profecía], me ayudó a comprender el movimiento profético desde la perspectiva evangélica. Pero el libro que más satisfactoriamente me ayudó a entender el movimiento fue *Prophets and Personal Prophecy* [Los profetas y la profecía personal] de Bill Hamon. Escrito desde una perspectiva pentecostal, el libro de Hamon se dirigía de manera franca a las debilidades y fortalezas a la manera en la cual se había enseñado y practicado la profecía por décadas. Cubre tanto los usos como los abusos. Aun así, Hamon afirma, utilizando todas las debidas precauciones y renuncias, que Dios «ha establecido el ministerio profético como una voz de revelación e iluminación que revelará la mente de Cristo a la raza humana».[11] Todavía lo recomiendo como el mejor libro práctico sobre el tema.

La demostración de Cindy Jacobs

A comienzos de 1989 mi esposa, Doris, y yo conocimos a Cindy Jacobs, quien, según averigüé prontamente, había acumulado algunos años de experiencia en los ministerios proféticos. Establecimos una relación íntima con Cindy y su esposo, Mike, y la invité a hablar en el retiro anual de nuestra Escuela Dominical *Comunión 120* ese otoño. Le pedí que nos enseñara en cuanto a la profecía.

Cindy no sólo nos enseñó profecía, sino que el segundo día nos anunció que habría de profetizar. Esto era algo diferente y un tanto arriesgado para nosotros los congregacionalistas, la mayoría de los cuales podrían haber escuchado acerca de la profecía personal pero jamás habían estado tan cerca a la misma de esta manera. Al observar a Cindy, noté que ella estaba siguiendo todas las reglas que había detallado Bill Hamon. Por un lado, insistió en que se grabaran todas sus profecías para que no hubiera duda alguna en cuanto a lo que ella sentía que Dios le estaba diciendo.

El resultado de este ministerio fue verdaderamente sorprendente, y hasta hoy muchos de los que asistieron registran cambios importantes en sus vidas a partir de ese retiro. Transcribimos y publicamos las profecías en nuestro boletín *Body Life* [Vida del cuerpo], y en subsiguientes publicaciones muchos miembros de la clase expresaron testimonios de sanidad en sus vidas. Una profecía que Doris y yo recordaremos por mucho tiempo fue la sanidad de algunas adicciones crónicas en nuestro sobrino, Jon Mueller.

Para ese entonces no sólo estaba convencido de que la profecía personal estaba en vigencia, sino que también me sentía a gusto en contextos ministeriales en los que se estaba utilizando. Uno de las experiencias personales más notables que he tenido con la profecía ocurrió unos pocos meses después.

---

11. *Ibid.* p. 262.

Peligro espiritual para un seminario

Había ido a otro estado para dirigir una conferencia anual ministerial en un importante seminario teológico. Mientras un profesor y su esposa me conducían desde el aeropuerto al seminario, me contaron de un sorprendente avivamiento espiritual que había estado ocurriendo en el seminario por meses. Me regocijé con ellos, aunque sentí unas cuantas señales amarillas de alarma en mi mente de vez en cuando.

A medida que comencé a recoger más información, me alarmé más. Se hizo claro que, junto con el gran movimiento del Espíritu Santo, se había lanzado un ataque de alto nivel del mundo invisible de las tinieblas contra el seminario, indudablemente para segar el floreciente reavivamiento antes de que pudiera adquirir ímpetu. Los detalles serían confidenciales, pero fue lo más cercano que he visto a una materialización en la vida real del libro de Peretti, *Esta patente oscuridad*.

En una de las noches, el presidente del seminario, a quien llamaré Charles, me invitó a cenar con él y su esposa. Hacía años que nos conocíamos, así que no necesitábamos invertir mucho tiempo con los formalismos de presentación. La conversación pasó rápidamente a las actividades espirituales, tanto buenas como malas, en el recinto y se aclaró el panorama en mi mente. Luego de escuchar a Charles por casi una hora dije:

—¿Por qué me estás diciendo esto? ¿Deseas mi consejo?

—Sí —dijo Carlos—, ¿qué harías si estuvieras en una situación como esta?

—Carlos, tú y varios miembros de la facultad están atrapados en un conflicto espiritual de alto nivel para el cual ninguno de ustedes tiene las herramientas para manejarlos adecuadamente. Esto es mucho lío para ustedes. Yo mismo no tengo las herramientas; todo esto me resulta bastante nuevo. Pero si estuviera en tu situación, sé exactamente lo que haría: llamaría a Cindy Jacobs —le dije—. Luego le expliqué quién era Cindy y el enfoque de su ministerio Generales de Intercesión. Charles me preguntó si podía llamarla por teléfono para ver si podía ayudar.

Cuando llegué a mi cuarto luego de la cena, llamé a Doris, mi esposa, quien se enojó mucho con los detalles que le relaté. Ella concordó conmigo en que el seminario verdaderamente estaba en peligro espiritual, y estaba airada conque el malo empleara tácticas tan perversas.

Entonces llamé a Cindy y le relaté la historia. Ella accedió para que le diera permiso a Charles para que la llamara; él la llamó, y hablaron por una hora. La llamada fue un momento culminante para este presidente de seminario, y una experiencia personal profundamente conmovedora.

«Su nombre es Charles»

Mi tercera llamada fue para Cathy Schaller, que era la intercesora I-1 de Doris y yo en aquel entonces. Aquí es donde la oración en dos direcciones o escuchar la voz de Dios entra en escena.

Pensaba que Cathy había estado orando por mi ministerio en el seminario, así que le ofrecí un breve reporte. Entonces le dije que creía que Dios tenía una razón mayor para llevarme a ese seminario. Cathy dijo: «Dime lo que sucedió y entonces te diré lo que he estado orando durante todo el día. No fue acerca del seminario».

Cuando terminé de contarle lo que estaba sucediendo en el seminario, ella me dijo que había recibido una palabra del Señor en cuanto a mí durante su momento de oración a las 9:00 esa mañana. Fue la palabra más clara de parte del Señor que ella había recibido acerca de mí desde hacía mucho tiempo. Ella había estado orando por ello durante todo el día, y me hubiera llamado de tener el número telefónico.

Entre otras cosas, el Señor le había dicho a Cathy que durante el día un líder cristiano importante se me acercaría para pedirme algún consejo. *¡Su nombre sería Charles!* Sus preguntas tendrían que ver con demonios y la guerra espiritual. Dios me daría justamente la palabra para él. Yo cumpliría con esa tarea, pero no sería algo en lo cual habría de estar involucrado.

De más está decir que dormí bien esa noche, con certeza directa de parte de Dios, mediante la intercesora, de que había hecho lo que Dios quería que hiciera. Escuchar a Dios lo suficientemente claro como para saber que el nombre de mi amigo sería Charles era, para mí, equivalente a predecir un terremoto.

Sucedieron otras cosas más, incluyendo más llamadas a Cindy Jacobs; de más está decir que el enemigo fue descubierto y se ocuparon de él con éxito. Se evitó por completo lo que pudo haber sido un desastre literal para el seminario, y el reavivamiento ha continuado y aumentado. Casi tres años después el presidente del seminario dice: «Estoy abrumado por el derramamiento de la bendición de Dios. Las cosas en el seminario no podrían estar mejor. ¡Alabado sea Su nombre!»

Mirando atrás, ¿cuál fue la clave para convertir una situación potencialmente devastadora en un importante seminario teológico? No tengo duda de que fue la intercesión de Cathy Schaller. Esto no era nuevo o raro para Cathy. Ella es una experimentada líder de oración, conferencista y fundadora del Ministerio Amigos del Novio. Ella practica escuchar a Dios en sus oraciones y ejercita un poderoso ministerio profético.

Ahora muchos de nosotros estamos comenzando a experimentar la oración en dos direcciones y estamos escuchando la voz de Dios. A medida que crezcamos en esta área, podemos esperar que gran parte de nuestra oración retórica se convierta en excitante oración activa.

CÓMO ESCUCHAR A DIOS

Este incidente del seminario incorpora la necesidad de escuchar a Dios cuando oramos. Afortunadamente, muchos otros a través del Cuerpo de Cristo están aprendiendo ahora a hacer esto y están enseñándolo a otros. Un libro que se ha convertido en un clásico acerca del tema es *Is That Really You, God?* [¿Dios, ese verdaderamente eres Tú?], (YWAM Publishing) de Loren Cunningham. El subtítulo es *Hearing the Voice of God* [Cómo escuchar la voz de Dios]. Cuando los evangélicos me preguntan qué libro recomiendo más, les hablo acerca de *Hearing God* [Cómo escuchar a Dios] de Peter Lord. Escrito desde una perspectiva evangélica, Peter Lord afirma: «No hay manera en la cual podamos experimentar muchas de las promesas de la Escritura a menos que conozcamos a Dios y le escuchemos hablándonos».[12] Él lo explica bien.

Ahora muchos de nosotros estamos comenzando a experimentar la oración en dos direcciones y estamos escuchando la voz de Dios. A medida que crezcamos en esta área, podemos esperar que gran parte de nuestra oración retórica se convierta en excitante oración activa.

—**PREGUNTAS DE REFLEXIÓN**—

1. ¿Conoce usted cristianos que debatirían que Dios ya no pronuncia palabras específicas para la iglesia en nuestros tiempos? ¿Qué argumentos ofrecen para su posición?
2. Por otra parte, ¿conoce personalmente cristianos que están tan seguros de que han escuchado a Dios que se unirían a Jack Hayford al decir: «Y cito»? ¿Cómo responderían a los mencionados en la pregunta anterior?

---

12. Peter Lord, *Hearing God*, Baker Book House, Grand Rapids, Michigan, 1988, p. 15.

3. ¿Por qué supone que algunos cristianos se alegrarían de admitir que reciben «deseos dominantes» de parte de Dios pero no quisieran percibirlo como revelación profética?
4. ¿Ha llegado a conocer personalmente algún ministerio profético que sólo podría explicarse admitiendo que la persona debe haber recibido información sobrenatural? De ser así, ofrezca ejemplos.
5. Discuta el incidente relacionado con el seminario evangélico. Mencione al menos cuatro cosas que el Dios soberano hizo para rescatar la institución. ¿Qué papel juega la obediencia humana a Dios?

CAPÍTULO

Iglesias que oran

CUATRO

EN EL CAPÍTULO 2, MENCIONÉ QUE ESTIMO QUE entre las iglesias que crecen, el ministerio de oración en 95 de cada 100 casos es poco más o menos como el ministerio de oración de las docenas de iglesias que no crecen en la misma comunidad. Hasta ahora no se ha hallado una correlación estadística entre la oración y el promedio de crecimiento de las iglesias.

LA PRIMERA CLAVE PARA EL CRECIMIENTO ECLESIÁSTICO

Sin embargo, más que nunca, algunos de los más destacados pastores de iglesias que crecen hoy en día afirman la importancia de la oración, no simplemente como retórica sino como acción, para el crecimiento de sus iglesias. Por ejemplo, cuando John Maxwell, pastor de la Iglesia Wesleyana Skyline en San Diego, California, que hace poco adquirió casi 58 hectáreas para sus nuevas instalaciones, les habla a los pastores acerca de «Las seis claves para el crecimiento de la iglesia», la primera es la oración. Maxwell dice: «Cada vez que he tenido un adelanto en el crecimiento y la vida de mi iglesia, ha sido a raíz de la oración intencional».

Bob Logan es conocido entre los líderes eclesiásticos a través del país como lo que muchos consideran el principal experto actual en la plantación de iglesias nuevas. Es un experimentado plantador de iglesias, habiendo comenzado una que creció hasta 1.200 y otras numerosas iglesias en el proceso. Ahora se dedica a tiempo completo a la consulta, investigación, la enseñanza y la supervisión de plantación de iglesias. Cuando le habla a líderes eclesiásticos, bosqueja «Las siete cosas más importantes que he aprendido acerca de la plantación de iglesias». La primera es la oración. Él dice: «Concuerdo con E.M. Bounds quien dice: "La oración no es la preparación para la batalla; es la batalla"».

George Barna, hoy por hoy uno de los observadores más agudos en cuanto a las tendencias en las iglesias y la sociedad, investigó recientemente lo que denomina «iglesias amistosas». Identificó una cantidad de iglesias que sobresalieron sobre el resto debido a la extraordinaria vitalidad de la congregación y su impacto positivo sobre la comunidad circundante. Entonces enumera las características que tienen estas iglesias en común. Encontró que la oración era la piedra angular del ministerio de todas. «El llamado a la oración», dice Barna, «fue el grito de batalla de la congregación: reunió las tropas. Estas personas comprendieron el poder de la oración».[1]

La Iglesia Wesleyana, una denominación de tamaño mediano, experimentó una nivelación en el número de sus miembros desde el 1982 hasta el 1990. Sin embargo, en 1991 y 1992 la asistencia aumentó un 10%, y plantaron más

---

[1]. George Barna, *User Friendly Churches* [Iglesias amistosas], Regal Books, Ventura, California, 1991, p. 116.

iglesias que en ningún otro año desde la década de los sesenta. Su director de «Evangelismo y Crecimiento Eclesiástico», Marlin Mull, dice:

> Atribuimos este adelanto en 1989 al comienzo de un énfasis anual durante cuaresma llamado «Cuarenta días de oración y ayuno». Las iglesias involucradas en ese programa, o alguna modificación del mismo, dirigieron el camino en el evangelismo y el crecimiento eclesiástico. El año pasado más de 1.200 de nuestras 1.700 iglesias participaron. La oración y el crecimiento eclesiástico sugieren gemelos siameses. No puede tener uno sin llegar a tener el otro.[2]

En mi «estimación», accedí a que 5 de las 100 iglesias pudieran tener un ministerio de oración vivo y dinámico. Esas son las que estoy describiendo en este capítulo. Son ejemplos que las otras 95, al menos la mayoría de ellas, anhelan seguir. Son iglesias como el Centro de Vida Cristiana de Waymon Rodgers, que mencioné anteriormente. Rodgers dice: «El ministerio de oración es el más importante en la iglesia. La oración crea la atmósfera y ata los poderes de las tinieblas para que el evangelio de Jesús pueda avanzar y la iglesia pueda prosperar». Lamentablemente, tiene que añadir: «Esta es el área de la cual la mayoría de las iglesias hablan más y practican menos».[3]

Uno de esos pastores que ha dirigido su iglesia en la oración activa es Jack Hayford.

LA GLORIA EN SU CASA

Jack Hayford usa el título *Glory on Your House* [Gloria en su casa], para su libro acerca del ministerio de La Iglesia del

---
2. Marlin Mull, carta personal a C. Peter Wagner, 25 de enero de 1993.
3. Waymon Rodgers, «The Seed of Prayer in Church Growth», *Church Growth*, septiembre de 1987, p. 19.

Camino en Van Nuys, California. Una de las razones por las cuales usa este título es que la gloria de Dios apareció visiblemente en la iglesia en una ocasión y abrió el camino para uno de los crecimientos más dramáticos en los EE.UU.

Pero antes de que llegara la gloria, los poderes de las tinieblas tenían que ser echados. No mucho después de que Hayford comenzó a pastorear La Iglesia del Camino, estaba solo en el santuario cuando pudo ver algo extraño alrededor del altar. Al mirar las vigas en el techo, discernió brevemente «un objeto pequeño y oscuro» y entonces desapareció. Sintió «una presencia viscosa» allí. Entonces supo que había una opresión satánica abierta en la iglesia y que Dios lo estaba llamando como pastor para hacerse cargo y echarla. También sabía que su principal arma sería la oración.

Hayford sintió que la forma particular de oración que Dios le estaba motivando a usar era la alabanza. Varias veces a la semana caminaba a través del santuario, aplaudía y alzaba su voz, declarando el honor y la gloria de Jesucristo. El espíritu no se fue inmediatamente, pero Jack persistió en su oración de guerra por más de un año. Él puede señalar el momento de la victoria en un servicio dominical del día de la Reforma en octubre. Ese día, a través de la alabanza y la adoración espontánea de la congregación, que no estaba planificada, se quebrantó el agarre del espíritu que había oprimido a la iglesia.[4]

Entonces se abrió el camino para que llegara la gloria. Un sábado en la tarde cuando fue al mismo santuario a ajustar el termostato, Jack Hayford notó súbitamente que el lugar estaba lleno de una neblina plateada. Él sabía que no podía ser natural. «Ningún polvo terrenal», dice Hayford, «tenía la calidad fluorescente que poseía esta neblina a medida que llenaba todo el cuarto, aun cuando el sol no estaba brillando». Entonces comenzó a orar la oración en dos direcciones en la que no sólo se expresa, sino que

---

[4]. Jack Hayford, *Glory On Your House*, Chosen Books, Grand Rapids, Michigan, 1991, pp. 63-67.

también espera escuchar a Dios. La voz de Dios le llegó claramente: «Es lo que piensas. He dado Mi gloria para que more en este lugar».[5]

En ese entonces, la iglesia había estado luchando y se había nivelado en unos 100, pero comenzó un dramático crecimiento. El próximo día la asistencia pasó a 170, y el crecimiento ha continuado sin parar. Al momento de escribir esto, La Iglesia del Camino se está acercando a una asistencia semanal de 10.000. La oración está en el corazón mismo de esta explosión.

UN MINISTERIO DINÁMICO DE ORACIÓN PARA SU IGLESIA

Entre las iglesias que conozco, que tienen ministerios dinámicos de oración, ninguna de ellas son exactamente iguales. Pero tienen suficiente en común como para discernir ingredientes clave que deben estar presentes de una u otra manera para una efectividad máxima. Creo que los tres componentes principales humanos son el pastor, los intercesores y el líder de oración. En cuanto al programa mismo, el entrenamiento es una gran prioridad, entonces se pueden implementar cualquier variedad de ministerios de oración y actividades. El resto de este capítulo detallará lo que quiero decir con esto.

FUNCIÓN VITAL DEL PASTOR

Si he escuchado a John Maxwell decirlo una vez, lo he escuchado decirlo cien veces: «Todo se sostiene o se cae en el liderazgo». En mis 25 años involucrado profesionalmente en la investigación acerca del crecimiento eclesiástico, he visto de manera consistente que esto es cierto. También he

---
5. *Ibid.*, pp. 13-16.

hallado que muchos líderes cristianos, tanto clérigos como laicos, desean de manera profunda que esto *no fuera* cierto. Muchos de ellos están en estado de negación; de alguna manera reclaman que tal concepto no es bíblico.

Hace casi 20 años escribí mi primer libro acerca del crecimiento eclesiástico estadounidense, *Su iglesia puede crecer* (Clie). En ese entonces, la negación de la crítica función del pastor era mucho más fuerte que hoy en día. Empero, me arriesgué e incluí un capítulo, «Pastor, ¡no tema al poder!» Sugería que el pastor era la primer señal vital de una iglesia saludable. Algunos aceptaron este hecho más fácilmente que otros.

No es difícil comprender por qué algunos no desearían admitir que todo se sostiene o se cae en base al liderazgo. Los pastores de iglesias que están creciendo dinámicamente son adecuadamente modestos, y no desean tomar crédito excesivo por su éxito. No desean ser colocados sobre un pedestal por encima de compañeros ministros que no están viendo un crecimiento similar en sus iglesias. Tampoco desean menospreciar la función que los líderes laicos y los obreros tienen en la vida y el crecimiento de su iglesia. Y no hace falta decir que los pastores de iglesias estancadas o decadentes preferirían que no se les echara la culpa.

Yo amo a los pastores. Trabajo con ellos constantemente. Entreno a miles de ellos cada año en mis clases en el Seminario Fuller y en conferencias. Sé cuán duro trabajan y cuán dedicados a Dios son. Lo último que quiero hacer es recargarlos con algo mayor de lo que puedan llevar. No tengo deseo alguno de contribuir a que haya más frustración y agotamiento pastoral.

Al mismo tiempo, los pastores vienen a mis clases y conferencias porque saben que no voy a dorarles la píldora. Ellos saben que lo que les digo será el ajuste más preciso que pueda realizar en cuanto a la realidad del momento. Muchos tienen conmigo la ambigua relación que tengo con mi dentista. Cada vez que lo veo me hiere, pero me agradan los resultados a largo plazo y me percato de que vale la pena el dolor. Mi dentista es una parte bienvenida de mi vida.

> **El ministerio de oración de la iglesia local se sostendrá o sucumbirá en base a la función de liderazgo del pastor.**

LOS PASTORES Y LA ORACIÓN

Casi odio decirlo, pero creo que es cierto: *el ministerio de oración de la iglesia local se sostendrá o sucumbirá en base a la función de liderazgo del pastor.*

Temo decirlo porque también enseño que los pastores deben delegar ministerio a los miembros del personal y a líderes laicos. Los pastores que usan el sistema del ovejero y tratan de realizar todo el ministerio y mantener relaciones de tipo familiar con todos los miembros de su iglesia están condenados a permanecer bajo lo que llamo la barrera de los 200. Para cruzar la barrera los pastores deben estar dispuestos a cambiar del sistema del ovejero al sistema del ranchero y permitir que otros dirijan y supervisen áreas significativas del ministerio en sus congregaciones.

Los pastores principales pueden delegar la administración de la iglesia a pastores ejecutivos. Estos pueden delegarle los asuntos financieros a supervisores de negocios. Pueden delegar el ministerio de la música, el ministerio juvenil, la educación cristiana, la visitación, las bodas, el cuidado pastoral, los programas de mayordomía, el evangelismo y muchas otras actividades semanales de la iglesia. *Deben* hacer esto si desean que la iglesia crezca.

Pero esto no se aplica a la oración.

Las iglesias que he encontrado con ministerios de oración congregacionales dinámicos tienen pastores que le han dado a la oración una prioridad lo suficientemente visible en sus vidas y ministerios como para asumir el liderazgo del ministerio de oración. Esto no significa que ellos cometen todo el ministerio de oración. Lejos de eso. Pero se hacen responsables por la cantidad y calidad de oración en su iglesia. Todo comienza y termina con ellos. ¿Acaso no hay excepciones a esto? Unas pocas; pero verdaderamente son excepciones, no la regla.

CÓMO SE MODELA LA ORACIÓN EN SKYLINE

Mi amigo John Maxwell ha modelado la oración para mí. Cuando comencé a investigar el tema, la Iglesia Wesleyana Skyline en San Diego fue una de las primeras iglesias que visité. Temprano en la mañana ese domingo, John permitió que Doris y yo observáramos algo que el público en general casi nunca ve. Fuimos admitidos al santuario vacío a las 6:45 a.m., en donde hallamos asientos, sin molestar a nadie, en un remoto banquillo.

El pastor Maxwell entró solo, como hace todos los domingos, y comenzó a «santificar el santuario» con oración estratégica. Caminó lentamente a través de cada pasillo, poniéndole las manos a cada banquillo. Tocó el tablero del control de sonido, la baranda del altar, el piano, la mesa de comunión, el lugar del coro y el órgano. Oró sobre el púlpito por largo tiempo. Al final de un banquillo se detuvo y se arrodilló, entonces comenzó a llorar. Sus sollozos retumbaban a través del santuario. Dios le había recordado la necesidad especial de una familia que generalmente se sentaba en ese banquillo y John derramó su corazón en oración por ellos.

Alrededor de las 7:00 a.m., 3 ó 4 hombres comenzaron a filtrarse y realizaron la misma clase de ministerio de oración alrededor del santuario. Estos eran algunos de los 100 compañeros de oración de Maxwell, un cuerpo de hombres muy comprometidos que oran a diario por su pastor.

Este equipo de compañeros de oración es el grupo —en la iglesia de Maxwell, de más de 3.000—, que tiene el acceso personal más íntimo al pastor principal con la excepción de la junta de la iglesia. Y nadie es invitado a la junta que no haya servido anteriormente como compañero de oración al menos por un año. Los compañeros de oración no sólo oran a diario por Maxwell, sino que todos los meses, el día de su cumpleaños, oran durante todo el día, así como el doce de cada mes. Mike Mullert, un agente de bienes raíces, programa un reloj especial para que suene 5 veces ese día y ora por John a las 6:00 a.m., a las 10:00 a.m., a las 2:00 p.m., a las 6:00 p.m. y a las 10:00 p.m. Si está en una reunión de negocios, ¡se excusa cuando su reloj suena y ora por John en el baño!

Un domingo en la mañana cada mes una cuarta parte de los compañeros de oración se reúnen en la oficina de Maxwell antes del primer servicio para una ferviente sesión de negocios. John abre su corazón a ellos, entonces se arrodilla a medida que ellos le rodean. Aunque Skyline podría describirse como una iglesia wesleyana que no es carismática, la intensidad y el volumen de este momento de oración avergonzaría a muchos pentecostales. Estos hombres saben cómo orar porque el pastor les enseña. Él programa un desayuno un sábado por la mañana con ellos tres veces al año y un retiro de todo un día de oración una vez al año.

Cada miembro del personal en Skyline tiene que reclutar, entrenar y nutrir grupos parecidos de compañeros de oración. Como resultado de ello, cientos de los miembros de la iglesia se involucran en un ministerio de oración regular e instruido a favor de sus líderes pastorales. Los pastores que no estén dispuestos a darle a la oración su mayor prioridad no deben solicitar una posición en el personal de John Maxwell.

LOS PASTORES ORAN POR SU PUEBLO

Una parte esencial al proveer liderazgo pastoral para el ministerio de oración de la iglesia es orar por el pueblo en la congregación y hacerles saber que usted está haciendo eso. Un punto de partida para esto podría ser la «mención» sistemática de cada miembro de la iglesia en oración como dice Pablo que hacía con los romanos (véase 1.9), los efesios (véase 1.16), los tesalonicenses (véase 1 Ts 1.2), y Filemón (véase 4). Pero esto sólo es el comienzo. Hace falta oración más instruida y consagrada. Dos de los mejores ejemplos que he encontrado son un pastor presbiteriano y uno de las Asambleas de Dios.

Edward Langham hijo, es pastor de la Iglesia Presbiteriana de Ooltewah, Tennessee. Él utiliza la lista alfabetizada de los miembros de su iglesia y ora por una familia de la iglesia cada mañana de martes a viernes, los días que está en la oficina. La semana antes de que salga su nombre en la lista, les envía una carta a la familia, diciéndoles en qué día estará orando por ellos, y pidiéndoles que le den cualquier petición especial para ese entonces.

Ed Langham recibió tanta reacción positiva cuando comenzó este ministerio de oración que llegó a extenderlo para incluir más personas. Ahora invita a toda la congregación para unirse a él en oración por la familia seleccionada en el día señalado. En cada boletín dominical de la iglesia son registrados los nombres de las cuatro familias por las cuales se orará de acuerdo con sus respectivos días.

Como resultado de ello, la Iglesia Presbiteriana de Ooltewah sabe que su pastor le da gran prioridad a la oración y se los recuerda cada domingo. Ellos sienten que sus necesidades están siendo cubiertas en oración, y ellos mismos devuelven el favor orando los unos por los otros. Langham enfatiza la simplicidad de este método, haciendo que la secretaria de la iglesia se ocupe de los detalles y la logística. Y dice: «Anticipo este ministerio cada semana. Me ofrece una manera regular de ejercitar cuidado pastoral mediante la oración para cada persona bajo mi responsabilidad».[6]

Don George pastorea el dinámico Templo Calvario, cerca de Dallas, Texas, una de las Iglesias Asambleas de Dios más

---

6. Carta personal a C. Peter Wagner de Edward Langham hijo, 8 de marzo de 1989.

grandes de la nación. Él usa un sistema de orar por las personas de su iglesia que inicialmente tomara del fenecido L.D. «Bill» Thomas de la Primera Iglesia Metodista en Tulsa, Oklahoma. Don escribe una carta a su pueblo, informándoles que va a marcharse en cierta fecha para un retiro solitario de oración de cuatro días. Lo único en la agenda de Don es interceder por el pueblo en el Templo Calvario. Les envía un sobre marcado «Confidencial» y una hoja de papel encabezada: Pastor George, por favor ore por esta necesidad.

Don les dice: «La carta que usted escriba no será abierta hasta que esté a solas con Dios. Yo mismo abriré su carta y oraré por su necesidad. Luego de haber orado, su carta será destruida. Sólo tres personas sabrán lo que ha escrito: usted, yo y Dios». De acuerdo con Don George, los retiros de oración como este traen muchos reportes de victoria, y le atribuye gran parte de la vitalidad y la salud de la congregación a las respuestas a estas oraciones.

Aunque esta iglesia es tan grande que George no podría orar con su pueblo individualmente, ellos sienten que el pastor principal ha orado por ellos de manera personal. Y también ciertamente saben que su pastor le da una gran prioridad a la oración.

EL IGNORADO PODER DE LOS INTERCESORES

Si los intercesores que Dios ha colocado en cada congregación fueran reconocidos, coordinados, entrenados y liberados para el ministerio, se transformarían totalmente las iglesias a través de los EE.UU. y el mundo entero. Desafortunadamente, muchos cristianos, incluyendo a los pastores, no se percatan que los intercesores están allí, ni están equipados para reconocerlos. El segundo libro de esta serie *Guerrero en oración: Escudo de oración*, fue escrito para ayudar a conectar a pastores y otros líderes cristianos con los intercesores y para suscitar el apoyo del resto del Cuerpo de Cristo.

No intentaré repetir aquí lo que está escrito en *Escudo de oración*, pero reiteraré que, aunque no encuentro Escritura alguna que lo enseñe de manera explícita, estoy personalmente convencido de que Dios le ha dado el don de la intercesión a ciertos miembros del Cuerpo de Cristo. Se espera que todo el pueblo cristiano ore e interceda por otros, así como se espera que todos los cristianos sean testigos activos para Jesucristo. Pero Dios ha seleccionado algunos para tener un ministerio de oración especial, utilizando el don de la intercesión, así como ha seleccionado a algunos para tener el don del evangelismo.

Son estas personas dotadas a las cuales me estoy refiriendo en esta sección. Si un ministerio de oración que involucra a toda la iglesia ha de echar raíces y crecer, lo ha de hacer más fácilmente si los intercesores dotados están orando de manera activa para que así suceda.

En *Escudo de oración* hay una descripción bastante detallada de los intercesores. Una de las primeras cosas que hay que buscar es personas que oran de 2 a 5 horas al día y que lo disfrutan. Eso parece casi imposible para la mayoría de los cristianos, pero no para los intercesores. Mi cálculo, que no ha sido probado, es que en una iglesia promedio, que está viva, 5 o 6 de 100 miembros tendrán el don de la intercesión. Es posible que algunos tengan el don pero que todavía no lo hayan reconocido. Otros lo afirmarán inmediatamente.

La mayoría de los intercesores encajan más o menos en cuatro énfasis de oración: intercesores generales, intercesores de crisis, intercesores personales y los intercesores de guerra. Algunos servirán de vez en cuando en las cuatro áreas. Otros servirán mayormente en una área. Los pastores que desean iniciar ministerios activos de oración en su iglesia identificarán a los intercesores, se reunirán con ellos, hablarán con ellos, los escucharán y los retará a invadir el mundo invisible a favor de la atmósfera de oración de la iglesia en general. Se pueden esperar resultados poderosos, especialmente cuando comiencen a escuchar a Dios todos juntos.

«DESEO VERTE MORIR»

Ted Haggard, pastor de la Iglesia Nueva Vida, de 4.000 miembros, en Colorado Springs, Colorado, es uno que ha movido su iglesia a la oración activa, y que ha desarrollado un profundo aprecio por el ministerio de intercesión.

Un martes a comienzos de 1992 a Ted Haggard le sucedió algo espantoso. Un hombre de su iglesia que había conocido por años se sentó con Ted en su oficina. Pronto, para alarma de Ted, del hombre salió una actitud fría de odio. Le declaró que le encantaría matar a Haggard. Sabía que matar al pastor arruinaría a su familia y su lugar en la comunidad, pero dijo que valdría la pena por el gozo de ver morir a Ted.

Ted conocía suficiente acerca del hombre para saber que era un ávido cazador que estaba acostumbrado a matar y que tenía un verdadero arsenal de armas en su hogar. Con su comportamiento frío e inmisericorde fácilmente hubiera podido sacar una y cometer un asesinato. Su intensidad crecía a medida que maldecía a Ted y a sus hijos. Entonces, sin explicación alguna, se relajó un poco, dijo que el Espíritu Santo no le permitía ir más lejos, y se marchó. Antes de irse, también afirmó que todavía no había decidido si habría de obedecer o no al Espíritu Santo.

Poco después Ted averiguó el resto de la historia. Un grupo de intercesores de otra iglesia dirigida por Bill Anderson, que también es uno de los compañeros de oración de Doris y yo, estaba orando el viernes anterior. El grupo se reúne de lunes a viernes y ora de 12:00 del mediodía a 1:00 de la tarde. Ese martes, ellos recibieron una carga particular de orar por Ted Haggard. Ted le pidió a Bill que escribiera lo que sucedió, y esto fue lo que dijo:

> Cuando estaba en intercesión tenía una representación de este hombre que tenía fácil acceso a ti desde tu congregación. Él tenía un espíritu de violencia y asesinato en él. Comenzamos a interceder y a sufrir y a atar los planes que este hombre tenía para dañarte. Cité la

Escritura: «Jesús vino a paralizar las obras del diablo», y nos sentimos como si realmente hubiéramos ganado, cuando fuimos librados de la intercesión. Sentimos que habíamos paralizado las obras del diablo y las habíamos atado.[7]

El remate es que el hombre con el espíritu asesino se arrepintió. Vendió sus armas, y está asistiendo gozosamente a los servicios de la iglesia. ¡La intercesión hizo la diferencia!

Nada podría ser más importante para un pastor que desea ver el aumento del poder de Dios en el ministerio que tener un grupo de compañeros personales de oración comprometidos a orar de forma regular. Si el grupo incluye intercesores dotados llamados a la intercesión personal, mucho mejor. Cómo organizar y mantener un grupo de ese tipo es el tema principal de *Escudo de oración*, así que no voy a repetirlo aquí.

CÓMO INSTALAR UN LÍDER DE ORACIÓN

Aunque creo que asumir el liderazgo del ministerio de oración es responsabilidad definitiva del pastor principal de una iglesia, su administración ordinariamente debe delegarse a un líder de oración. Mientras más grande sea la iglesia, más necesario es esto.

Muchas personas no se percatan de que todos los intercesores dotados no son líderes potenciales de oración. Es interesante que no todos los líderes de oración tienen el don espiritual de la intercesión. Yo mismo soy un ejemplo de esto.

Yo coordino la que actualmente es la más extensa red de redes de oración en el mundo bajo el Curso de Oración Unida 2000 A.D., escribo libros acerca de la oración, enseño

---

7. Carta personal de Ted Haggard a Peter Wagner, 18 de marzo de 1992.

sobre la oración, y estoy totalmente comprometido con la oración, entiendo a los intercesores y los amo y los necesito para mi ministerio, pero no soy uno de ellos. Mi vida personal de oración podría ser superior, pero de ser así, es sólo un poco superior. La principal razón por la cual veo el fruto en mi ministerio es porque Dios me ha dado varios que sí tienen el don espiritual de la intercesión como miembros del estrecho círculo de compañeros de oración de Doris y del mío.

«Permita que usted y su iglesia tomen la oración tan seriamente como toman la educación, la adoración, el compañerismo y la evangelización».

La combinación ideal es nombrar un líder de oración que también tenga el don de la intercesión. Esto es lo que he hecho para los equipos de intercesión que trabajan directamente con mi curso de oración. Bobbye Byerly de *Women's Aglow* [Organización de mujeres Aglow] y Bill Anderson, a quien acabo de mencionar, son líderes de un equipo de 60 intercesores para la Red de Guerra Espiritual. Ben Jennings de la Cruzada Estudiantil y Bobbye Byerly dirigen otro equipo de 120 para todo el curso. Ellos son responsables por el personal en sus equipos, las agendas, los itinerarios, el estilo de oración, la disciplina y resolver los problemas cuando sea necesario. Pero todos se reportan a mí.

Es muy importante que una iglesia local tenga un líder de oración designado. Algunas veces esta persona se le llama coordinador o director de oración. Un número creciente de iglesias están abriendo posiciones a tiempo completo en su personal para un pastor de oración o ministerio de oración. Concuerdo con Alvin Vander Griend que dice, «Permita que usted y su iglesia tomen la oración tan seriamente como toman la educación, la adoración, el compañerismo y la evangelización. El resultante derramamiento de oración enriquecerá todos sus ministerios con la visión y el poder de Dios».[8]

Los pastores que crean posiciones en el personal o posiciones laicas de liderazgo a un alto nivel para los líderes de oración envían un fuerte mensaje a través de la congregación de que ella es una gran prioridad. La oración, con demasiada frecuencia, es percibida como resultado de ir a la iglesia. Es algo que está supuesto a suceder de manera automática. Es gratis. No requiere esfuerzo especial ni espacio en el presupuesto. Obviamente, esa clase de actitud es una fórmula segura para una iglesia en donde la mayoría de la charla acerca de la oración es retórica y en donde los resultados de la oración son prácticamente nulos.

En estos días del gran movimiento de oración que está barriendo nuestra nación y alrededor del mundo, el surgimiento de excitantes posibilidades para nuevos y vitales ministerios de oración en la iglesia es ilimitado. Las iglesias que esperan tener un oído para escuchar lo que el Espíritu está diciendo deben tener un líder de oración que esté llamado y comprometido a escuchar estas cosas y quien está motivando a otros a participar plenamente.

Este no es un trabajo para un alfeñique de la iglesia. Alvin Vander Griend nombra las siguientes calificaciones para un líder de oración de una iglesia local:

- Un vida de oración fuerte;
- Madurez espiritual;
- Dones para organizar, animar y dirigir en oración;
- Una buena reputación en la congregación y la confianza de los líderes de la iglesia;
- Suficiente tiempo para asistir a eventos clave de oración en la iglesia y en la comunidad.[9]

8. Alvin Vander Griend, *The Praying Church Sourcebook*, Church Development Resources, Grand Rapids, Michigan, 1990, p. 9.
9. *Ibid.*, pp. 5, 6.

CÓMO ENSEÑAR A LA IGLESIA A ORAR

Unas pocas iglesias que toman la oración de forma seria y son lo suficientemente grandes como para tener acceso a recursos han instalado programas semiformales para enseñar a su pueblo a orar. Estas «escuelas de oración» al presente son muy pocas e infrecuentes, pero a medida que se esparce el movimiento de oración llegarán a ser más numerosas.

Uno de los pioneros en el desarrollo de lo que ellos llaman, atrevidamente, «Universidad de oración» es la *Community Church of Joy* [Iglesia Comunitaria de Gozo] en Phoenix, Arizona. Mi amigo Walt Kallestad está entre los pastores evangélicos luteranos de América más innovadores de hoy, y como tal dirige una congregación de unos 7.000 al momento de escribir esto. En 1989, la iglesia estaba añadiendo 50 miembros nuevos al mes, pero un año después en 1990 la tasa se había duplicado a 100 al mes. «¿Qué causó la diferencia?», pregunta Kallestad. «La respuesta es la oración y la intercesión intencional y comprometida».[10]

El cambio en *Community Church* vino durante un curso en el programa doctoral de Walt en el Seminario Fuller cuando se sostuvo una discusión en la clase acerca de los compañeros personales de oración para los pastores. Él y su iglesia estaban agonizando ante Dios por una nueva visión en ese entonces. Walt dice: «Mi estómago estaba siempre debilitado por la agitación».

Walt fue a su cuarto de hotel esa tarde y decidió ayunar y orar. Su acostumbrado breve tiempo de oración se extendió a varias horas. Sintió que estaba en contacto con el corazón de Dios, y surgió del tiempo de oración con una clara visión para la iglesia que parecía engañosamente sencilla. «La respuesta», dice Walt, «era hacer de la oración la mayor prioridad posible en mi vida así como en la vida de la Iglesia Comunitaria de Gozo».[11]

---

10. Walt Kallestad, *The Intercessor*, otoño 1990, p. 1.
11. *Ibid*.

Entre otras cosas, Walt reclutó un equipo de 30 compañeros de oración personal y estableció una meta de 100. Entonces abrió una posición en el personal para un hombre en su iglesia que tuviera una historia probada como intercesor y líder de oración, Bjorn Pedersen, para que se convirtiera en un pastor a tiempo completo para la oración.

TREINTA Y OCHO CURSOS ACERCA DE LA ORACIÓN

Bjorn Pedersen ha desarrollado una de las escuelas locales de oración más avanzadas que he visto. Él dice: «Los propósitos de la Universidad de la oración son aumentar la conciencia de los creyentes en cuanto a la necesidad de orar, proveer herramientas prácticas en cuanto a cómo orar, y animar al pueblo *a orar*».[12]

El catálogo de la escuela tiene 38 cursos desde una hasta trece sesiones cada uno, enseñados en trimestres en otoño, invierno y primavera. El costo es $1.00 por hora de clase y un mínimo de $5.00 por curso. Pedersen ha desarrollado programas de estudio que califican a los estudiantes para el Certificado de bachillerato de oración, el Certificado de maestría de oración y el Certificado doctoral de oración. Estoy seguro de que los cursos no son acreditados por la Asociación de Escuelas Teológicas, pero estoy igualmente seguro de que están acreditados por Dios.

Bjorn viaja alrededor del país entrenando líderes de oración no sólo en la organización de escuelas de oración para sus iglesias, sino en muchos otros excitantes ministerios de oración.

Su iglesia podrá no tener los recursos para comenzar una escuela de oración totalmente organizada; empero, parte de la descripción de trabajo del líder de oración debe ser desarrollar programas regulares de entrenamiento de alguna clase para enseñarle al pueblo a orar. Los niños necesitan aprender a

---

12. *Community Church of Joy College of Prayer Catalog*, 1990-1991, p. 3.

orar, y cuando aprendan, muchos orarán de forma poderosa. Las familias necesitan aprender a orar juntas, y los cónyuges el uno con el otro. Los miembros de la iglesia necesitan aprender a orar con compañeros de oración, en tríos de oración, en células domésticas de oración o en sus devociones privadas. Los miembros de las juntas de iglesia y los comités necesitan aprender cómo invertir más de su tiempo de reunión en oración y menos en discusiones acerca de lo que frecuentemente resultan discusiones triviales.

Todo esto puede hacerse si el pastor principal le da prioridad a la oración, instala un líder de oración competente, y mantiene el liderazgo personal para asegurarse de que se proveen recursos adecuados y apoyo de todo tipo para hacer del ministerio de oración uno de los más prestigiosos en la iglesia.

CÓMO EDIFICAR UN MINISTERIO DE ORACIÓN

Los componentes de un ministerio dinámico de oración en la iglesia variarán de una a otra, pero el menú para seleccionarlos está creciendo de forma rápida. Más adelante me ocuparé de forma separada de la oración corporativa y la oración en la comunidad. Pero aquí me limitaré a describir 6 de las otras formas más comunes de ministerio de oración que actualmente tienen bastante popularidad en las iglesias locales que le dan prioridad a la oración.

1. Ministerios de oración de 24 horas. El pastor Ed Young de la Segunda Iglesia Bautista, Houston, Texas, siempre supo que una iglesia local debe ser una casa de oración. Él recuerda el año 1982 cuando la Segunda Iglesia Bautista estableció un ministerio formal de oración, parte del crecimiento eclesiástico más explosivo de la nación comenzó en ese entonces. Ahora, dependiendo de cómo uno lo evalúe, la Segunda Iglesia Bautista podría considerarse como la congregación más grande en la nación. Ed Young cree firmemente que Dios ha honrado el enérgico compromiso con la oración.

Entre muchas otras actividades de oración, la Segunda Iglesia Bautista tiene uno de los ministerios de oración de 24 horas más sobresalientes. Jill Griffith es la directora a tiempo completo del ministerio de oración. Es intercesora y líder de oración, además dirige a los líderes laicos, a los intercesores y a los miembros de iglesia voluntarios que están involucrados en las múltiples facetas del ministerio de oración. Una secretaria a tiempo completo y muchos voluntarios mantienen el curso de millares de detalles asociados con la oración por las necesidades de la extensa congregación y su comunidad.

Las facilidades del ministerio de oración incluyen un cuarto de oración que tiene dos estaciones de trabajo separadas. Una es para el intercesor que recibe peticiones de oración por el teléfono, y la otra es para un intercesor silencioso que ora por las peticiones en existencia así como por el que está sirviendo en el teléfono. Este cuarto de oración está ocupado 24 horas al día. Se le pide a cada intercesor que sirva una hora a la semana para llenar las 168 horas de una semana. Al tener dos intercesores en el cuarto de oración para cada hora de la semana además de sustitutos que están disponibles cuando hagan falta, participan más de 390 miembros de la iglesia en esta parte del ministerio, al cual se le llama «La primera vigilia».

Más recientemente se ha formado una «Segunda vigilia»; aquí los intercesores se comprometen a orar semanalmente durante una hora y un día designado desde dondequiera que estén, para proveer una «sábana de oración» de 24 horas para toda la familia de la Segunda Iglesia Bautista. Se han organizado vigilias de 24 horas separadas para las secciones del norte, sur, este y oeste del área metropolitana de Houston. Esto implica que un mínimo de 672 (168 horas semanales multiplicadas por 4) voluntarios participan cada semana en esta excitante actividad de oración.

2. Cuartos de oración. Algo esencial para una vigilia de oración de 24 horas es un cuarto de oración. Muchas iglesias están remodelando construcciones antiguas como capillas descuidadas o dedicando nuevas instalaciones para proveer espacio necesario como centro designado de oración para la iglesia.

Terry Teykl ha visto la Iglesia Metodista Unida Aldersgate de College Station, Texas, crecer de 6 a más de 1.200 en asistencia. Él es uno de los más sobresalientes investigadores y maestros de oración en nuestros días. Recientemente escribió un excelente libro, *Making Room to Pray* [Cómo crear espacio para orar]. En él explica cómo desarrollar un centro de oración en su iglesia para ayudar a ganar su ciudad para Dios. Él sugiere que éste sea separado del cuarto de oración utilizado para un ministerio telefónico de 24 horas.

El centro de oración que Teykl vislumbra está diseñado para:

- Mantener información vital disponible para ayudar a las personas a orar de manera inteligente;
- Proveer lugares de inspiración en donde las personas puedan llegar de forma individual o como grupo para orar;
- Recordarle, de forma visual, a las personas la importancia de la intercesión en la iglesia local por objetivos designados en la comunidad; y
- Ayudar en el desarrollo de la disciplina en la oración en la iglesia local para alimentar otros ministerios de oración en la iglesia.[13]

Al momento de escribir, 50 iglesias con las cuales Terry Teykl se ha puesto en contacto ahora tienen cuartos de oración.

3. Cadenas de oración. Como Alvin Vander Griend dice: «Una cadena de oración es el sistema de alarma para las necesidades de la congregación. Esta hace posible un esfuerzo concentrado de oración en cualquier asunto o

---

13. Terry Teykl, *Making Room to Pray*, Renewal Ministries, Inc., 6501 East Highway 6 Bypass, College Station, TX 77845, 1991, contraportada.

preocupación específica, incluyendo las situaciones de emergencia».[14]

Vander Griend dice de forma específica: «Incluyendo situaciones de emergencia», porque es un error proyectar la imagen de que una cadena de oración *sólo* es para emergencias. La experiencia muestra que cuando esto sucede hay una tendencia a utilizar la cadena de oración cada vez menos y puede morirse lentamente.

La manera común de organizar una cadena de oración es crear una lista de miembros de la cadena incluyendo números telefónicos. Esta comienza con el líder o capitán de la cadena de oración que llama a la siguiente persona en la lista. Si no responde, se llama a la próxima en la línea hasta que se haya informado a toda la cadena de oración de la necesidad. Luego, los que no recibieron respuesta llaman de nuevo a los que se saltaron, pero mientras tanto la cadena no se rompe.

No se debe animar a nadie a que se una a una cadena de oración que no: (1) esté comprometido a orar inmediatamente después de recibida la petición; (2) esté comprometido a hacer llamadas telefónicas hasta que se alcance a otro miembro de la cadena; (3) esté comprometido a repetir la petición exactamente, palabra por palabra. Cualquier otra cosa sería un vínculo débil.

Las iglesias pequeñas podrían tener sólo una cadena de oración. Las iglesias más grandes pueden tener varias. Ya sea que la iglesia sea grande o pequeña, el líder de oración de la iglesia necesita responsabilizarse por el reclutamiento, el mantenimiento y el control de calidad de la cadena de oración. Esto, por supuesto, puede delegarse a otra persona, pero debe supervisarse de manera directa o se marchitará. Un principio para mantener una cadena de oración es mantenerse usándola. Como un músculo humano, mientras más se use más fuerte será. Las cadenas de oración de la iglesia que no se activan al menos una vez a la semana están en peligro.

---

14. Vander Griend, *The Praying Church*, p. 52.

Otro principio para mantener la vitalidad de las cadenas de oración es diseñar e implementar una forma eficiente de dar a conocer las respuestas a la oración a cada uno de los miembros. Sin respuestas a la oración, el ministerio podría llegar a ser tedioso.

4. Retiros de oración. Cuando la oración llega a ser parte importante de la vida de una congregación, los que oran y los intercesores querrán disfrutar de extensos períodos de tiempo para orar juntos en retiros de oración.

Por un lado, un retiro de oración debe ser fundamentalmente para orar, y no un nombre capcioso para otra conferencia. La enseñanza debe ser acerca de aspectos de la oración. Una gran proporción del tiempo se debe invertir en orar, incluyendo alabanza y adoración en canto. Parte de la oración debe ser corporativa, parte en grupos, y parte individual. Variar es importante, pero el tiempo dedicado a ello no debe eclipsar el momento de presentar las peticiones ante Dios.

El líder de oración de la iglesia debe estar capacitado para dirigir retiros de oración. Si hace falta desarrollar esta capacidad, se debe disponer de fondos para seminarios de entrenamiento o visitas de aprendizaje con experimentados líderes de retiros. Una vez que el líder de oración de la iglesia desarrolle estas aptitudes, se le deben enseñar a otros en la iglesia.

Bjorn Pedersen de la Iglesia Comunitaria de Gozo sostiene retiros de oración para liderazgo de oración, liderazgo eclesiástico, familias y algunos para las congregaciones que estén interesadas. Varios grupos en la iglesia también pueden programar sus propios retiros de oración de vez en cuando.

5. Semanas de oración. Muchas iglesias programan eventos anuales o dos veces al año para destacar ciertos ministerios. Nuestra iglesia, por ejemplo, tiene una semana de misiones, una para enfatizar el ministerio laico y otra para enfatizar el evangelismo local. ¿Por qué no hacer lo mismo para la oración?

Dadas las múltiples ideas que se están mencionando entre líderes de oración en nuestro país en estos días, esta verdaderamente podría ser una semana excitante. En el primer domingo, invite a un destacado líder de oración a que rete a la congregación, es indudable que hay alguien en su área. Diseñe el programa de la semana planificando poderosos eventos de oración. En el último domingo, el pastor cierra presentando un mensaje acerca de la oración y utilizando oración especial en el servicio de adoración.

Una vez más esto envía un mensaje a través de toda la congregación de que la oración es una gran prioridad en su iglesia. Y debe obtener una marca de cinco estrellas en el programa de la misma.

6. Equipos especializados de oración. La mayoría de las iglesias tienen ministerios especializados. Los equipos de oración deben organizarse con personas que oren, que sientan una carga particular por ciertos ministerios, y deben activarse y mantenerse. Muchas iglesias están haciendo esto, y algunos de los equipos de oración especializados más frecuentes incluyen:

- **Evangelismo.** Ellos oran por cualquier actividad evangelística que pueda tener la iglesia, por las personas que participan evangelizando en el frente de batalla, y por el aumento en la carga de la iglesia por el evangelismo. Cuando el programa de Evangelismo Explosivo experimentó intencionalmente con el reclutamiento de equipos de oración evangelísticos para orar por los que salían a servir, ¡se duplicó el número de profesiones de fe!

- **Las misiones mundiales.** No todo el mundo se entusiasma por las misiones, pero los que son cristianos mundiales sí. Cada iglesia necesita un equipo fuerte de oración por las misiones. Muchas iglesias han organizado una «Comunión de Fronteras» y se le presentan peticiones de oración y

respuestas a la oración por el Centro Estadounidense para Misiones Mundiales en Pasadena, California.
- **Sanidad.** Un creciente número de iglesias, tanto carismáticas como las que no lo son, ahora están organizando equipos de personas aptas en la oración por la sanidad física y emocional. Mi libro *How to Have a Healing Ministry in Any Church* [Cómo tener un ministerio de sanidad en cualquier iglesia] (Regal Books), ha ayudado a muchas iglesias a moverse en esta área de compasión y fecundidad.
- **Liberación.** En todo el Cuerpo de Cristo hay una creciente conciencia de la mortal actividad de Satanás y las fuerzas demoníacas que controla. Muchos se están percatando de que este es un problema aquí en los EE.UU. así como en el Tercer Mundo. Muy pocas iglesias en una ciudad como tal tienen a los que están entrenados para sacar demonios y liberar personas de acuerdo con los patrones bíblicos. El libro de Charles Kraft *Defeating Dark Angels* [Cómo derrotar ángeles entenebrecidos] (Servant Publications), es sumamente recomendado como guía. ¡Que se multipliquen los equipos que se especializan en la oración de liberación!
- **Servicios de adoración.** Muchas iglesias están reclutando equipos que se especializarán en orar a través de los distintos servicios de adoración de la iglesia. Algunas veces esto se hace en cuartos separados utilizando televisión a circuito cerrado o un sistema de bocinas estereofónicas. Algunas veces las personas que oran se arrodillan detrás de la plataforma del conferencista o cerca. Spurgeon tenía enormes grupos de intercesores orando en un cuarto del sótano *debajo* de su púlpito en cada servicio y decía que esa era su «caldera» divina.

RESUMEN

Es obvio que, este capítulo sólo se ocupa superficialmente de las posibilidades para ministerios vitales de oración en la iglesia local. Muchos de los títulos que encontrará en las notas al calce le ofrecerán información adicional y sugerencias. Algunos de ustedes notarán que no mencioné la vida corporativa de oración de la iglesia en este capítulo, y eso se debe a que creo que es lo suficientemente importante como para ameritar uno propio. (Véase el capítulo 5.)

Para acción inmediata

Si siente que Dios lo está moviendo a comenzar un fuerte ministerio de oración en su iglesia, le recomiendo que comience ordenando estos dos artículos sumamente prácticos:
1. *The Praying Church Sourcebook* [Manual para una iglesia que ora] recopilado por Alvin J. Vander Griend. Church Development Resources, 2850 Kalamazoo Avenue, S.E., Grand Rapids, MI, 49560.
2. *Church Prayer Ministry Manual* [Manual del ministerio de oración de la iglesia] recopilado por T.W. Hunt, Southern Baptist Convention Press, 127 Ninth Avenue, North, Nashville, TN 37234.

—**PREGUNTAS DE REFLEXIÓN**—

1. En este capítulo se mencionan varias iglesias que tienen ministerios de oración sobresalientes. ¿Conoce algunas otras que podrían incluirse? ¿Qué aspectos de la oración parecen apartarlas?
2. ¿Acaso sería ir demasiado lejos decir que el factor principal que determina la vida de oración de una congregación es el ejemplo de su pastor? ¿Podrían otros en la iglesia desarrollar un dinámico ministerio de oración si el pastor fuera reacio o simplemente indiferente?

3. Peter Wagner habla de «intercesores dotados». ¿Cuáles serían las características de esas personas? ¿Podría nombrar a alguien que conoce que podría ajustarse a esta descripción?
4. ¿Es legítimo pagarle a una persona para que ore o dirija un ministerio de oración en la iglesia? ¿Acaso no están supuestos todos los cristianos a orar y no esperar recompensas materiales por orar?
5. Repase las seis formas de ministerio de oración que se están haciendo populares en muchas iglesias. ¿Cuáles son algunas de las otras maneras en las cuales se implementa la oración en las iglesias de hoy? ¿Están activas algunas de estas en su iglesia? ¿Deberían estar?

CAPÍTULO CINCO

Qué hacer y qué no hacer en cuanto a la oración corporativa

LA MANERA EN LA CUAL USO EL TÉRMINO «ORACIÓN corporativa» simplemente significa que los miembros de una iglesia local se reúnen con el propósito de orar. Es paralela a la *adoración* corporativa, que usualmente ocurre cada domingo en la mañana. No quiero indicar que la oración y la adoración no deben suceder como parte de muchas otras actividades de la iglesia también. Deben y así lo hacen. Pero uno de los aspectos más significativos de todo el ministerio de oración de la iglesia en general puede ser llamar a la congregación o una parte significativa de ella a unirse para orar de forma corporativa.

LA REUNIÓN DE ORACIÓN LOS MIÉRCOLES POR LA NOCHE

Hace varias generaciones, el miércoles en la noche se convirtió en el tiempo de la semana designado de manera más común para la oración corporativa. Se esperaba que casi cada iglesia de casi cada denominación condujera una reunión de oración en alguna noche de la semana. Esta tradición continúa en muchas iglesias hoy en día. A pesar del hecho de que casi nadie va a su reunión de oración, muchas iglesias creerían que están apostatando si no la sostuvieran cada semana.

A comienzos de siglo, R.A. Torrey dijo: «La reunión de oración debe ser la más importante en la iglesia. Y lo será si se dirige de manera correcta».[1]

Es difícil estar en desacuerdo con Torrey. Pero los líderes eclesiásticos de hoy en día están frustrados. Muchas iglesias actuales han descontinuado las reuniones de oración durante la semana. Muchas de las que todavía las sostienen admiten que se han convertido en una rutina, que son tediosas y que están moribundas, que genera poca actividad de oración ya sea para la iglesia o para la comunidad.

Una de las razones para la frustración podría ser que los pastores no «conducen de manera correcta» sus reuniones de oración, como dijo Torrey. A muchos líderes laicos en la iglesia les sorprende saber que a sus pastores nunca se les enseñó en el seminario cómo dirigir la oración corporativa.

Por años, el único seminario que sé que ofrecía aunque fuera un curso de oración era el Seminario Teológico Asbury en Kentucky. Afortunadamente, dada la influencia del gran movimiento de oración, esto ahora está cambiando. Pero la mayoría de los pastores en el ministerio jamás tomaron un curso tal y ni siquiera tienen un libro en su biblioteca acerca de la reunión de oración corporativa de la iglesia. Podrían haber otros libros, pero la investigación que

---

1. R.A. Torrey, *How to Work for Christ* [Cómo trabajar para Cristo], Fleming H. Revell, Grand Rapids, Michigan, 1901, p. 211.

he hecho acerca de la oración ha encontrado sólo una obra de ese tipo hasta ahora. Es un libro maravilloso por Sue Curran, *The Praying Church: Principles and Power of Corporate Prayer* [La iglesia que ora: los principios y el poder de la oración corporativa].[2] Desafortunadamente, no ha disfrutado de la amplia circulación que merece.

¿Hay esperanza para la oración corporativa? Sí. Alvin Vander Griend reporta que algunas iglesias en los EE.UU. tienen «reuniones de oración que están repletas con personas y llenas de ferviente oración, reuniones en donde las personas llegan esperando ser cambiados y encontrar a Dios. Los estacionamientos de la iglesia están abarrotados, los cuartos colmados, las personas profesan su fe, algunos se convierten o se sanan, y cada semana llegan respuestas específicas a la oración».[3]

Reconozco completamente que Dios podría no dirigir a cada iglesia a hacer de la oración corporativa una parte central de su filosofía de ministerio, pero muchas iglesias hoy están dirigiéndose en esa dirección. La Biblia ciertamente nos anima a hacerlo.

LA ORACIÓN CORPORATIVA EN LA ESCRITURA

Si la Iglesia nació el día de Pentecostés, nació de la oración corporativa. Antes de que Jesús dejará a sus discípulos en la tierra, les dijo que se reunieran en Jerusalén, «hasta que seáis investidos de poder desde lo alto» (Lc 24.49). Ellos siguieron sus instrucciones y se reunieron en el Aposento Alto. ¿Qué estaban haciendo allí? Se nos dice que «Todos éstos perseveraban unánimes en oración y ruego» (Hch 1.14).

---

2. Sue Curran, *The Praying Church: Principles and Power of Corporate Praying*, Shekinah Publishing Company, 394 Glory Road, Blountville, TN 37617.
3. Alvin Vander Griend, *The Praying Church Sourcebook*, Church Development Resources, Grand Rapids, Michigan, 1990.

Sus oraciones recibieron dramática respuesta con la llegada del Espíritu Santo el día de Pentecostés. De acuerdo con la Escritura, estar «unánimes» en oración tuvo algo que ver con el derramamiento del poder espiritual ese día.

La Iglesia fue establecida y comenzó su vida normal como tal. La primera descripción bíblica de lo que los cristianos del Nuevo Testamento hacen en la iglesia se ofrece en el segundo capítulo de Hechos. «Y perseveraban en la doctrina de los apóstoles, en la comunión unos con otros, en el partimiento del pan y *en las oraciones*» (Hch 2.42, énfasis mío). En ese entonces la oración corporativa no era algo periférico como frecuentemente lo es hoy. Era algo central.

Poco después cuando Pedro fue echado en la prisión aguardando su ejecución, se sostuvo una continua reunión de oración corporativa. «Así que Pedro estaba custodiado en la cárcel; pero la iglesia hacía sin cesar oración a Dios por él» (Hch 12.5). Luego se nos dice (véase Hch 12.12) que la reunión de oración se convocó en la casa de María, la madre de Marcos, recordando eso porque no había edificios de iglesia en aquellos días, todas las reuniones de las congregaciones se sostenían en hogares. Por supuesto, el resultado fue que Pedro fue liberado de la prisión de forma milagrosa por un ángel.

Jesús declaró que el «Templo de Dios» debía ser una «casa de oración» (véase Mt 21.13). Creo que ese todavía es el deseo de Dios para las iglesias. Cada iglesia debe ser un centro de oración no sólo para la congregación sino también para la comunidad. Algunas realmente lo son, y a medida que avancemos a través de la década de los noventa, más y más iglesias estarán uniéndose a sus filas. Dios está brindando una nueva conciencia de oración a través del Cuerpo de Cristo, y esta es una razón por la cual muchos han comenzado a decir que un reavivamiento podría estar a la vuelta de la esquina.

> Hay evidencia de que la cantidad de personas que oran es importante. Mientras más personas oren, más armonía hay. Mientras más personas oren, más poder potencial hay.

EL PODER DE LA ARMONÍA

La principal cualidad que tiene la oración corporativa sobre otras clases de oración es la armonía. Jesús dijo: «Otra vez os digo, que si dos de vosotros se pusieren de acuerdo en la tierra acerca de cualquiera cosa que pidieren, les será hecho por mi Padre que está en los cielos» (Mt 18.19). La armonía en la oración entre 2 ó 200 es más efectiva que las oraciones solitarias de un cristiano individual, aunque tales oraciones no deben descuidarse ni menospreciarse. Ninguna oración se desperdicia. Empero, la corporativa crea armonía más que ninguna otra clase de oración en la iglesia local.

Hay evidencia de que la cantidad de personas que oran es importante. Mientras más personas oren, más concordia hay. Sue Curran dice: «Cuando pasamos de orar solos a la manera corporativa, nos movemos al campo en el que los resultados se calculan de manera expositiva. Nos movemos del dominio de la suma al de la multiplicación: por cada persona añadida, se multiplica el poder de la oración».[4]

Sue cita dos Escrituras del Antiguo Testamento para ilustrar el principio. «Cinco de vosotros perseguirán a ciento, y ciento de vosotros perseguirán a diez mil» (Lv 26.8). Y, «¿Cómo podría perseguir uno a mil, y dos hacer huir a diez mil?» (Dt 32.30). Estas obviamente no deben utilizarse como fórmulas matemáticas para calcular el poder de las reuniones de oración en la iglesia, sin embargo, el principio está allí. Mientras más oren, más es el poder potencial.

---

4. Curran, *The Praying Church* [La iglesia que ora], pp. 27-28.

Muchos líderes de iglesia utilizan Hebreos 10.25, «no dejando de reunirnos, como algunos tienen por costumbre», para animar la asistencia al servicio semanal de adoración. Esta ciertamente es una aplicación legítima, pero el contexto también indica que debe aplicarse a la reunión para la oración. Los versículos anteriores enseñan el sacerdocio de todos los creyentes: mediante la sangre de Jesús y no sólo algún sumo sacerdote, *todos nosotros* tenemos acceso directo a Dios. No debemos dejar de reunirnos como sacerdotes que se comunican directamente con Dios en oración.

ARENAS PARA LA ORACIÓN CORPORATIVA

Hay dos arenas básicas para la oración corporativa. La más grande es a nivel de una comunidad en donde una cantidad de iglesias se reúnen en conciertos de oración. Esto es extremadamente importante, más de lo que muchos creemos. Me ocuparé de la oración corporativa comunitaria más detalladamente en el próximo capítulo.

La otra arena es la más común: la iglesia local. El resto de este capítulo se ocupará de algunas de las maneras de realizar la oración corporativa en la iglesia local. Para ayudar a separarla de las otras múltiples actividades de oración posibles de la iglesia, me estoy enfocando, como he dicho, en *reuniones organizadas por y para la iglesia en su totalidad primordialmente para la oración*. Aunque se utiliza mucha oración en muchos servicios dominicales de oración, los estoy excluyendo de las reuniones de oración corporativa.

¿Cuán importante es la oración corporativa en nuestra vida de iglesia? ¿Cómo podemos evaluar y reportar esto? Creo que podemos tomar dos medidas prácticas, una subjetiva y una objetiva.

ACTIVIDAD	Filas de oración corporativa		
	Más alto	Igual	Menor
Música/adoración			
Atención pastoral			
Evangelización			
Educación cristiana			
Programas juveniles			
Predicación			
Koinonía/comunión			
Misiones mundiales			
Evangelización local			
Grupos pequeños			

La medida subjetiva. P: ¿Cómo se clasifica la oración corporativa en nuestro sistema de valores comparada con otras 10 actividades comunes de la iglesia?
Debido a que se reconoce que esta evaluación es subjetiva, podría ser o no revelatoria. Aquellos líderes de iglesia, en particular, que proclaman que la reunión de oración de mitad de semana es la más importante, aparte del obvio interés en el mismo y de su calidad, invariablemente tienden a clasificar el valor de la oración corporativa en lo más alto de la escala. Por eso es que también debemos tomar una medida más objetiva.
La medida objetiva. P: ¿Cómo se ajusta la oración corporativa con las actividades de la iglesia mencionadas anteriormente en términos de:

- presupuesto?
- tiempo del personal basado en las descripciones de trabajo?

- tiempo apartado en el calendario semanal de la iglesia?
- metas mensurables de la iglesia? No puedo contar la cantidad de iglesias que he visto que concienzudamente establecen metas mensurables anuales para la vida y el crecimiento de su iglesia, pero descuidan por completo el establecimiento de metas algunas para la oración corporativa. Tomando en consideración el esparcimiento del gran movimiento de oración, ya han comenzado a ocurrir cambios prometedores.
- tiempo del sermón? De los aproximadamente 45 sermones anuales que el pastor principal predica en el servicio central de adoración, ¿cuántos son explícita y primordialmente acerca de la oración?

Estas preguntas se prestan para respuestas numéricas. Al utilizarlas, las iglesias pueden evaluarse a sí mismas de manera precisa, y, si llegan a ser lo suficientemente valientes, también se pueden comparar con iglesias parecidas en sus denominaciones o comunidades.

¿CUÁN IMPORTANTES SON LOS NÚMEROS?

Para muchas variedades de oración, los números grandes no son importantes. Relativamente pocas personas pueden o de hecho proveen apoyo de oración poderoso. Por ejemplo, Doris y yo tenemos sólo 19 miembros de los círculos internos de nuestro equipo de compañeros de oración, y no estamos particularmente buscando más. El apoyo de oración que recibimos de ellos es increíble y parece ser el número que Dios está indicando para nosotros al momento.

Sin embargo, la situación cambia cuando nos ocupamos de forma específica de la oración *corporativa*. Si una iglesia local siente que esta clase de oración debe ser parte central de su filosofía de ministerio, el número de miembros de iglesia que participan llega a ser muy importante. En algunos casos podría llegar a ser uno de los mejores barómetros de la calidad espiritual de la iglesia en general.

Una balanza
La mayoría de nosotros no tenemos el hábito de evaluar la oración; por eso no hemos alcanzado un acuerdo general como líderes de iglesia en cuanto a cómo cuantificar la vida de oración corporativa de las nuestras. Mi sugerencia es muy sencilla: *calcule el porcentaje de aquellos que asisten al servicio de adoración semanal y que también retornan a la iglesia al menos otra vez durante la semana para la oración corporativa.*

Si calculamos esto durante un período de tiempo, podemos medir fácilmente cómo le va a nuestra congregación. Pero, ¿cómo podría compararse esto con otras iglesias, especialmente las que están enfatizando de manera poderosa la oración corporativa? Para responder a esta pregunta, he investigado varias iglesias que me eran conocidas como instituciones que tenían ministerios especialmente fuertes de oración en aquel entonces. Digo «en aquel entonces», porque también he sabido que la oración toma un patrón inconstante en muchas iglesias. Creo que el diablo concentra más ataques en el ministerio de oración de las iglesias que en ningún otro, un hecho que en sí mismo debería decirnos cuán importante es la oración.

He aquí parte de lo que he hallado en mi investigación:

- La iglesia en los EE.UU. que tenía el porcentaje más alto de asistentes al culto que vuelven para la oración corporativa era la Iglesia Bautista de Alamo City en San Antonio, Texas. Frances Smyth, coordinadora del ministerio de oración, dice: «El pastor David Walker nos ha dirigido casi por cuatro años en una excitante y recompensante aventura de oración».[5] Cuando hice la evaluación en

---

5. Frances Smyth, «Prayer Ministry» [Ministro de oración], *The Alamo City Reflections*, 25 de septiembre de 1991, p. 4.

Alamo City, 66% de los 2.000 asistentes a la adoración estaban involucrados en la oración corporativa semanal. Para 1993, habían movilizado un ejército de oración de 560 vigilantes/guerreros.
- La Iglesia Metro Vineyard [Viñedo metropolitano] de Kansas City es pastoreada por Mike Bickle, uno de los maestros y practicantes más sobresalientes de la intercesión en los EE.UU. La oración corporativa es tan importante en la *Metro Vineyard* que la descripción de trabajo de cada miembro del personal requiere que asistan al menos a una reunión de oración corporativa *al día*. Mi evaluación allí indicó que 43% de los 3.500 asistentes retornaban para la oración corporativa.
- Cuando Larry Lea tuvo sus destacadas reuniones matutinas de oración corporativa en la *Church on the Rock* [Iglesia en la Roca] en Rockwall, Texas, un 24% de los 5.000 asistentes estaban participando.
- La iglesia de John Wimber, *Vineyard Christian Fellowship* [Comunión cristiana del viñedo] de Anaheim, California, enfatiza mucho la oración corporativa. Cuando la evalué, un 13% estaban participando.
- En nuestra área del sur de California, la iglesia que tiene la fama de tener la reunión de oración, los miércoles por la noche más avivada es la Church On The Way [Iglesia del camino] de Jack Hayford. Un promedio de 29% de sus adoradores dominicales asisten a estas reuniones.

LOS INGREDIENTES BÁSICOS PARA LA ORACIÓN CORPORATIVA

Veo cinco ingredientes para las iglesias que desean ver avivada la oración corporativa y llegar a ser un centro dinámico de ministerio en su iglesia.

1. El pastor: el pastor principal debe ocuparse directamente del ministerio de oración corporativa de la iglesia. La implementación diaria de varios aspectos de este ministerio puede delegarse al líder de oración de la iglesia y a otros, pero si el pastor no es percibido por la congregación como el líder supremo, no volará como debe. Concuerdo con Sue Curran quien dice: «Mi convicción formada en base a experiencia personal y bastante estudio de la historia de los reavivamientos es que el ejemplo del pastor debe ser la fuerza iniciadora en el ministerio de oración de la iglesia».[6]

¿Cómo se debe hacer esto? El pastor debe utilizar el púlpito constantemente para señalar la prioridad de la oración y el programa corporativo de oración. Esta enseñanza debe fluir regularmente de parte del pastor tanto como tema mayor así como menor. Todos los sistemas de comunicaciones de la iglesia deben activarse para recordarle al pueblo la oración corporativa. Más importante aún, el pastor debe establecer un ejemplo participando de forma regular en las actividades de oración corporativa de la iglesia junto con su cónyuge y su familia. Un ejemplo sobresaliente de esto son los pastores coreanos que describí anteriormente que asisten personalmente a cada reunión de oración al amanecer porque «¡allí es donde está el poder!»

Los pastores deben motivar acerca de la oración en sus iglesias expresando de forma regular las respuestas a la oración desde el púlpito. Muchos pastores se pasan un año sin decir ni una vez nada dramático que sucedió en sus vidas debido a la oración, diciéndole al mismo tiempo a su pueblo que deben orar y esperar respuestas dramáticas. Además, regularmente se debe hacer tiempo en el servicio semanal de adoración para testimonios de los miembros de la iglesia que han visto respuesta a sus oraciones. Esto tiene un poderoso efecto, particularmente al tener al pastor en la misma plataforma asistiendo con aprobación.

2. El personal de la iglesia. Esto podría parecer un tanto radical, pero si la oración corporativa es tan importante

---

6. Curran, *The Praying Church*, p. 48.

como decimos, cada miembro del personal de la iglesia debe estar obligado a participar al menos en una actividad semanal de oración. Además el personal del programa (en contraste con el personal de apoyo) debe ser animado a involucrar a sus cónyuges y niños en la oración corporativa.

Parte del personal que está dotado para el ministerio debe ser asignado para dirigir la oración. Al mismo tiempo, otros miembros del personal no deben ser asignados. He visto ejemplos en donde se le asigno la dirección de la oración corporativa al personal en general, obteniendo resultados desalentadores porque los dones del Espíritu Santo de esa persona no fueron abiertamente reconocidos.

Muchos pastores principales de iglesias que oran dirigen la mayoría de la oración corporativa, pero no todas. Me impresioné con un pastor de una gran iglesia en Christchurch, Nueva Zelandia, que reconoció que el líder de oración de la iglesia, una mujer, estaba mucho mejor dotada para dirigir la oración corporativa que él. Él asistía a cada reunión, pero ella la dirigía. Ella se reunía con un grupo pequeño de intercesores esa tarde y oraba hasta que Dios le revelara Sus planes para la reunión de oración vespertina. El resultado fue una de las reuniones de oración más excitantes y con mejor asistencia a la que haya asistido.

3. La localización. Es aconsejable que se utilice el mismo local para las actividades de oración corporativa que la iglesia utiliza para la adoración regular. Obviamente no me estoy refiriendo al mismo cuarto porque el santuario generalmente es demasiado grande. Pero las personas deben acostumbrarse a orar juntas a donde van a adorar.

4. El tiempo de duración. Un consenso que he hallado es que una hora es el período de tiempo ideal para una reunión corporativa de oración, al menos en la mayoría de los EE.UU. En nuestra cultura, las personas responderán mejor si las reuniones comienzan y terminan prontamente. El tiempo del día variará, dependiendo de cuando están disponibles las personas. Muchas iglesias en los EE.UU. están encontrando efectiva la oración temprano en la mañana, aunque no creo que, todavía, pueda llamarse una moda. La cantidad de veces que se sostienen reuniones de oración corporativa cada semana depende de la cantidad total de personas comprometidas a participar en ellas.

5. Masa crítica. Mi consejo es que al planificar una reunión corporativa de oración, asegúrese de comenzar y continuar con al menos 20 personas. Esto podría bajar hasta 17, pero no menos de eso. Cuando es menos de 17, adecuadamente se le debe llamar y tratar como un grupo pequeño de oración en lugar de oración corporativa congregacional. La teoría de la dinámica de grupos, que casi siempre procede de la práctica, nos dice que la *naturaleza* de un grupo menor de 17 es distinta a la de uno mayor.

En cuanto al tamaño máximo, el próximo punto de cambio en la dinámica de grupos es 40. Las reuniones de oración corporativa que tienen de 35 a 50 participantes se convertirán en reuniones en las cuales las personas se reconocerán entre sí y verán a pocos extraños. Esto tiene sus ventajas. Pero hay otras ventajas en una reunión de 100 ó 200 o más en donde la mayoría de las personas pueden esperar ser relativamente extraños entre sí.

SIETE BUENAS RAZONES PARA NO ASISTIR A LA ORACIÓN CORPORATIVA

Un amigo mío que es pastor de una iglesia, de casi 3.000, que está creciendo rápidamente aquí en el sur de California se contagió en cuanto a las reuniones de oración matutinas y las comenzó en su iglesia. Él asistía a todas ellas. Un saludable grupo de 80 personas se comprometieron a orar juntas de forma regular. ¡Pero después de unos meses los 80 se redujeron a 1 ó 2! ¿Qué sucedió?

Cuando hablé con él, concordamos en que había violado varias de las siguientes razones para no asistir a la oración corporativa, y que además era demasiado tarde. La oración corporativa todavía no ha vuelto a despertarse en esa iglesia debido al dolor residual y al desánimo general.

Si asumimos que las personas en la iglesia son normales en su vida espiritual general, y que no se apartan de la oración corporativa porque de alguna manera no están bien con Dios, he aquí algunas cosas que se deben tratar de evitar.

«Las reuniones son aburridas». Menciono esta primero, porque es la número uno. La principal razón, por mucho, por la cual los miembros no asisten a la oración corporativa es porque lo que allí sucede los aburre. Pocos se despiertan por la mañana emocionados con el pensamiento de que más tarde esa noche van a estar en una reunión de oración.

«Allí no me necesitan». Demasiados van a la reunión de oración como espectadores, no como participantes. Ellos creen que la única contribución personal que han hecho a la reunión es añadir otro cuerpo a los números.

«No se satisfacen mis necesidades personales». Algunos no sólo sienten que no contribuyen nada con otros, sino que también sienten que otros no contribuyen nada para con ellos. La satisfacción de necesidades personales no debe ser la motivación principal para asistir a las reuniones corporativas de oración, pero si algunos de los que asisten tienen urgentes necesidades personales, éstas deben cubrirse en oración en algún momento durante o después de la reunión.

«No sé cómo orar en público». Las personas que no han aprendido cómo unirse a orar en voz alta con otros se sentirán incómodos en la oración corporativa durante un período de tiempo.

«El Espíritu Santo no aparece». Esta no es una declaración teológica acerca de la omnipotencia de Dios, pero refleja una impresión precisa, particularmente de parte de aquellos que tienen grados de discernimiento espiritual. Si la dinámica espiritual no es lo suficientemente fuerte como para que se sienta, ¿para qué ir?

«Oramos, pero no sucede nada». Si las personas oran, pero no ven respuestas tangibles a sus oraciones, comienzan a sentirse como perdedores. Con el tiempo, esto hará que la asistencia a la reunión de oración disminuya tan

seguramente como un equipo atlético perdedor que ve una disminución de la asistencia en los juegos.

«Nuestra reunión de oración es un club de chismes». Con demasiada frecuencia he escuchado a alguien en una reunión de oración decir, «Debemos orar por fulano o mengana esta noche porque...» El resto de la oración expone algo acerca de la vida de esa persona, que, como acostumbraba decir mi abuela, «debe mantenerse en la familia». Esto se hace muy a menudo en la carne, no en el Espíritu. Una gran motivación puede ser comunicar «que yo lo sé», y el resultado frecuente es que algunos de los presentes perpetúan el chisme una hora después de terminada la reunión bajo la fachada espiritual de una petición de oración.

PRINCIPIOS PARA REUNIONES PODEROSAS DE ORACIÓN

Obviamente, hace falta evitar cada una de las anteriores razones para no asistir a la oración corporativa. A través de la experiencia que he tenido en la dirección de la oración corporativa, he identificado siete principios en el lado positivo. Debido a que aquí estamos lidiando con asuntos de estilo y no de sustancia, estoy consciente de que algunos hallarán mis sugerencias más aplicables a su situación que otros.

1. La adoración. Los primeros 10-15 minutos de la hora deben invertirse en *cantar* las oraciones. Las canciones de adoración que se dirigen a Dios son las más apropiadas. Estas deben percibirse como una forma de oración, no como el canto de himnos en preparación para orar. Los mejores líderes de adoración deben encargarse de este segmento. Una de las razones por las cuales la cantidad crítica para la oración corporativa es 20 es que con menos personas, la adoración en el canto tiende a ser bastante anémico.

2. La oración verbal. Unas pocas tradiciones cristianas, como los cuáqueros, le adjudican mucho valor al silencio en la oración. Sin embargo, la gran mayoría de las culturas alrededor del mundo, prefieren la oración verbal en sus reuniones de oración corporativa. La oración verbal cae en dos estilos generales: oración en concierto y oración en concordia.

La oración en concierto (que no debe confundirse con «conciertos de oración») significa que todos los presentes en la reunión de oración oran en voz alta al mismo tiempo. Esta es la forma más común de oración en las iglesias de todas las denominaciones en Corea, la cual, como grupo, aventaja al mundo en la práctica de la oración corporativa. El nivel de ruido de 4.000 coreanos orando juntos tiene que escucharse para creerse. Y ellos sostienen esta ferviente oración por largos períodos de tiempo, algunas veces 20 minutos, sin detenerse. Durante ese tiempo el nivel de ruido podría bajar un poco, entonces otra ola de unción de oración viene y lo sube de nuevo.

La oración en concierto es popular entre los carismáticos y los pentecostales en los EE.UU. y alrededor del mundo. Lo que llamaríamos el movimiento carismático independiente es por mucho la expresión del cristianismo de más rápido crecimiento en la mayoría de las partes del mundo; por lo tanto la oración en concierto es o será pronto la forma dominante de oración verbal en las reuniones de oración corporativa en general.

La oración en concordancia es la más usada en nuestras principales reuniones o históricas. Una persona ora en alta voz mientras que los presentes concuerdan, algunos de maneras más demostrativas que otros.

Orar con la Escritura, como forma de oración en concordancia, se está haciendo popular en muchas iglesias. En este caso los que oran abren la Biblia en un pasaje de la Escritura y leen parte del texto y oran parcialmente lo que el Señor les está mostrando en cuanto a las implicaciones del texto para la situación actual. Cuando se hace bien, esta es una conmovedora forma de oración porque implica orar la Palabra de Dios hacia Él.

Cómo apagar al Espíritu Santo

En las reuniones de oración en donde se espera la oración verbal, el líder puede apagar al Espíritu Santo de varias maneras, pero tres me resultan obvias:

- Permitir períodos de silencio. Mientras más silencio, menos personas regresarán la semana próxima. Se le puede enseñar a los que participan en la oración corporativa a que oren sin cesar, y a estar alertas y listos a expresar sus oraciones siempre que se presente una oportunidad. En la oración corporativa, las personas deben acostumbrarse a orar varias veces, no sólo en una ocasión.
- Las oraciones de una frase o las oraciones en donde se llenan los blancos. En un esfuerzo por involucrar más personas y evitar períodos de silencio, algunos líderes dicen: «Vamos a mencionar los nombres de Dios», «Vamos a limitarnos a una oración de agradecimiento a Dios» o «Vamos todos a orar: Dios, te damos gracias porque tú eres _____». Esas tácticas son métodos plásticos para tratar de crear un sentimiento de vida. A la larga contribuirán al sentimiento de que las reuniones de oración son aburridas.
- Orar en grupos de dos o tres. Pedir a los que se encuentran en la reunión de oración corporativa que se vuelvan y formen grupos de dos o tres para orar juntos definitivamente satisface las necesidades de los presentes que se sienten a gusto con ello y tienen necesidades personales que quisieran que otros oraran por ellas. Pero definitivamente también desagrada a otros que se sienten incómodos con la intimidad forzada sobre ellos en el momento. Estos casi nunca dicen nada, pero no regresarán la semana próxima. A menos que la reunión se diseñe intencionalmente para servir a

las necesidades de los «fanáticos», es mucho más sabio quedarse con el menor denominador y mantener al grupo grande como tal. Un compromiso es dividirse en grupos de cuatro a seis en lugar de dos o tres. Esto es mucho menos amenazador para los solitarios, aunque algunos todavía se sentirán incómodos con eso.

3. Apoyo mutuo. Las oraciones verbales deben provocar respuestas verbales. Piense en los modales telefónicos. Cuando una persona está en un monólogo en el teléfono, se espera que la otra haga sonidos y diga palabras con suficiente frecuencia para animar a su interlocutor. Lo mismo sucede con la oración corporativa.

Algunos han criticado a los pentecostales de manera tan severa por lo que ellos consideran como ruido excesivo; pero sus reuniones de oración parecen que se estuvieran efectuando en una biblioteca pública o en una funeraria. Los que no son pentecostales deben aprender buenos modales de respuesta verbal en las reuniones de oración corporativa. Los pentecostales no tienen los derechos reservados de «amén», «aleluya», «gracias Señor», «gloria a Dios». Es cierto que el nivel del sonido y la frecuencia dependerán del grupo, pero en general mientras más alto sea el asentimiento, sin que se deje de escuchar al que ora, mejor. Además, las personas que experimenten la motivación tienen mayor probabilidad de regresar a la reunión de oración la semana próxima.

El asentimiento verbal alcanza tres cosas:

- Anima al que ora.
- Involucra más al que asiente y ayuda a la concentración.
- Edifica la fe y la motivación en todo el grupo.

4. Oración efectiva. Como he dicho anteriormente, la oración efectiva se define como la que funciona. Esta obtiene respuestas. Y la oración efectiva sostendrá más que nada la vida y el ambiente de la oración corporativa. Por lo tanto, se deben encontrar medios y maneras para difundir las respuestas a la oración en cada una de las reuniones corporativas de oración. B.J. Willhite dice: «los cristianos comunes deben ser convencidos de que sus oraciones hacen una diferencia. A menos que una persona crea que sus oraciones realmente hacen una diferencia, es improbable que él o ella ore de manera consistente».[7]

En una iglesia tras otra, he visto listas de oración, algunas de ellas elaboradas. Pero en menos de un 10% he visto reportes regulares de *respuestas* a esas oraciones. La oración podría cambiar la historia, pero las personas que lo hacen no se motivarán en cuanto a ello si no saben qué está sucediendo.

Recuerdo haber escuchado a B.J. Willhite contar acerca de una iglesia que visitó en Texas que tenía lo que él llamaba «un muro de los lamentos». En una pared del santuario había un lugar en donde las personas podían colocar fotografías y archivar tarjetas de personas que no eran salvas. En un momento determinado del servicio, toda la congregación se dirigía al frente de esa pared y oraba de forma ferviente por la salvación de los que estaban identificados allí.

¡Maravilloso! Willhite le preguntó al pastor qué estaba sucediendo. «Se están salvando», respondió.

Entonces Bob Willhite hizo una sugerencia increíblemente sencilla. Sugirió que en el otro lado del santuario hicieran «un muro de la victoria», y que en cada servicio se fotografiaran y se hicieron tarjetas de las personas que estaban siendo salvadas del muro de los lamentos. Entonces pasarían al frente de la iglesia a colocar las fotos y las tarjetas en el muro de la victoria, repitiendo oraciones de agradecimiento. Eso es lo que quiero decir con la demostración de la oración efectiva.

---

[7]. B.J. Willhite, «How to Get Your People to Pray» [Cómo llevar a su pueblo a orar], *Ministries Today*, noviembre-diciembre 1988, p. 36.

5. Oraciones concretas. Armin Gesswein dice: «Orar de manera general jamás es efectivo. No hay verdadera fe ni expectativa. Y la oración sin fe está muerta».[8] Estoy consciente de que es posible que el Señor se mueva con fuerza en una reunión de oración en particular, pero usualmente las peticiones de oración que provienen de emociones humanas generadas por la lectura de encabezados o titulares de noticias como, «Vamos a orar por las familias de los que perdieron sus vidas en el desastre aéreo en India» o «Vamos a orar por la cumbre económica Sur Americana que comienza hoy», son demasiadas abstractas para que haya significado alguno en cuanto a lo que concierne a la situación de oración para los que se encuentran reunidos. Algo más cercano como: «Una amiga de mi madre necesita oración porque su esposo la está amenazando con divorciarse», frecuentemente es más distracción que bendición.

Un gran problema con las oraciones de una sola frase o de relleno es que también tienden a ser muy abstractas. Las oraciones que hacemos en una reunión de oración corporativa deben, en la mayor medida posible, rascar a las personas en donde les pica. Es necesario que las oraciones sean tan concretas como sea posible.

6. Oración personal. Los que asisten y participan en la oración corporativa deben participar de forma personal en la actividad. Un par de sugerencias:

- Entrene a los que oran a usar «Yo» en lugar de «Nosotros» tanto como sea posible siempre y cuando se sientan cómodos haciéndolo. Eso los atrae de manera más directa a la oración y permite que se exprese su individualidad en el grupo en general.
- Conceda tiempo en la reunión de oración en el que las personas puedan expresar necesidades personales urgentes y en el que se ore por ellas al mismo momento. En una reunión de una hora, el tiempo

---

8. Armin Gesswein, «Churches on Fire!» [Iglesias que arden], *Alliance Life*, s.f.

dedicado a esto debe controlarse con cuidado o se puede convertir fácilmente en una clase de reunión social que uno podría esperar en un grupo pequeño en lugar de una reunión corporativa de oración. Pero nadie que venga a una reunión de esta clase con una necesidad personal urgente debe marcharse sin oración personal.

Entiendo por qué algunos dirán que esta es la razón por la cual algunas reuniones de oración planifican tiempo específico para la oración en grupos pequeños, ya he señalado los beneficios. Otra manera posible de manejar esto es tener un equipo de oración que se quede luego para ocuparse de las necesidades personales. En una reunión de oración corporativa de hasta 50 es posible designar un momento de 10 minutos para esto y contribuirá de forma positiva a la dinámica de la reunión. Si algunas de las necesidades son para sanidad física, imponer las manos puede involucrar a las personas de manera más directa en las actividades de la reunión.

7. Instrucción práctica. En última instancia, la manera en la cual las personas oran en las reuniones corporativas de oración no es nada más ni nada menos que comportamiento aprendido. Algunos adjudican su comportamiento, como el lenguaje corporal o el volumen, a la presencia del Espíritu Santo; pero Él no requiere que oremos en alguna manera especial para que esté presente en poder.

Las personas pueden aprender la oración en concierto. Pueden aprender a expresar concordancia. Pueden aprender a orar en párrafos en lugar de frases cortas. Pueden aprender a hablar lo suficientemente rápido como para prevenir que el silencio mate las cosas. Pueden aprender a sostener sus manos arriba o abajo. Pueden aprender a dar testimonio de respuestas a las oraciones. Pueden aprender a orar con los ojos cerrados o abiertos. Pueden aprender buenos modales de oración en público.

Una de las funciones de las escuelas de oración es enseñarle estas cosas a las personas, especialmente al principio.

El modelaje y el aprendizaje pueden ayudar grandemente. El líder puede convertir cada reunión corporativa de oración en una miniescuela de oración recordándole a las personas lo que se espera, enseñándoles acerca de la oración y animando a los que saben más que los demás que lo demuestren sin dominar o controlar la reunión de oración.

Un punto importante en la historia ocurrió cuando los discípulos se reunieron en armonía en oración en el Aposento Alto. Como resultado, el Espíritu Santo vino el día de Pentecostés. Luego de eso, los creyentes jamás fueron los mismos, la iglesia jamás fue la misma y el mundo jamás fue el mismo. Usted también puede esperar ver esto mediante el uso de la oración corporativa de calidad en su iglesia.

—**Preguntas de reflexión**—

1. Discuta sus sentimientos en cuanto a la oración corporativa. ¿Cuál es el estado de las cosas en su iglesia?
2. Liste tantas razones como pueda para explicar por qué es importante que la mayor cantidad posible de creyentes concuerden en cuanto a lo que se ha de orar.
3. Si la razón primordial por la cual las personas eligen no asistir a la reunión de oración de la iglesia es que es demasiado aburrida, ¿qué se puede hacer en cuanto a eso?
4. Repase las tres maneras en las cuales se «apaga el Espíritu Santo» en las reuniones corporativas de oración. Haga comentarios personales acerca de cada una de ellas.
5. La «oración en concierto» significa que todos oran en voz alta al mismo tiempo. ¿Podría funcionar esto en su iglesia? ¿Por qué?

CAPÍTULO

La oración puede cambiar su comunidad

SEIS

VAMOS POR LA MITAD DEL LIBRO Y ES MOMENTO para una evaluación. Hasta ahora, he intentado hacer tres cosas:

- El primer capítulo describió el excitante movimiento de oración que está barriendo al mundo y en el cual muchos de nosotros deseamos participar.
- Dos capítulos investigaron profundamente la naturaleza de la oración, tanto al hablarle a Dios como al escuchar de su parte.
- Dos capítulos adicionales explicaron cómo la oración puede ser una parte vital y creadora de vida de las actividades semanales de su iglesia local.

Ahora quiero cambiar el enfoque de la oración e ir de la iglesia local a la comunidad. Gran parte de lo que expresaré en el resto del libro será relativamente nuevo. El Espíritu Santo ha estado mostrándole más cosas al pueblo de Dios en los años noventa que lo que sólo unos pocos estuvieron conscientes en los ochenta.

EL AVIVAMIENTO ESTÁ LLEGANDO

Hay un imponente sentimiento en cuanto a lo que está sucediendo ahora. Nadie en mi generación ha experimentado un verdadero avivamiento mundial, así que sólo podemos imaginarnos cómo podría sentirse. Mi esperanza es que la mayoría de los que estamos vivos ahora viviremos para ver el gran avivamiento. No puedo establecer fechas, pero parece que esta es la generación que quizás habrá de experimentar el mayor derramamiento del Espíritu Santo de toda la historia.

Las condiciones que han precedido a los avivamientos en la historia parecen juntarse. Una por una están ajustándose como piezas en un gigantesco rompecabezas en el cual la imagen del avivamiento cada vez es más clara. Creo que el movimiento de santidad de hace más de 100 años pudo haber sido la semilla; de este, en los primeros años de nuestro siglo, vino el movimiento pentecostal.

Luego de la Segunda Guerra Mundial, comenzó la gran cosecha global de almas, que ha aumentado desde ese entonces. Dios comenzó a impresionar a la Iglesia con una gran carga por los pobres y los oprimidos, señalando nuestras responsabilidades sociales, en los años sesenta. Esto continua creciendo. Entonces vino el gran movimiento de oración, que he estado describiendo en este libro, y también el resurgimiento del movimiento profético moderno. A medida que entramos en los noventa la guerra espiritual comenzó a surgir en las agendas de los cristianos activos.

Añadido a esto está la extrema degradación moral y social. Los racistas neonazis están resurgiendo en Alemania.

Financieros poderosos son acusados de defraudar al público estadounidense a través de los ahorros y los préstamos. Millones de bebés indefensos son asesinados inhumanamente sin sentimientos de culpabilidad o remordimiento. Vastas cantidades de recursos naturales están siendo explotados para satisfacer la codicia humana. El SIDA está diezmando naciones completas en África y en otras partes. Pueblos enteros están dedicados a asesinarse los unos a los otros en los Balcanes, en el Medio Oriente y en el sur este de Asia. Alrededor de nosotros vemos a los que están llenos de injusticia, inmoralidad sexual, codicia, envidia, asesinato, engaño; odian a Dios, son violentos, desobedientes a sus padres, poco amantes e implacables, sólo por seleccionar unas pocas señales de la decadencia social de Romanos 1.29-31.

Esto no nos debe sorprender. La historia muestra que paralelo al aumento del poder de Dios que precede a un avivamiento viene el correspondiente aumento en el pecado público y corporativo. En el Antiguo Testamento, sucedió antes del avivamiento bajo Samuel, David y Ezequías sólo por nombrar unos pocos. Los presidentes mentirán. Los congresos pasarán leyes que condonarán la inmoralidad sexual. Las cortes supremas pronunciarán interpretaciones impías de las constituciones. Los analistas sociales proclamarán que estamos entrando en una era poscristiana.

Todo esto sería abrumador si no supiéramos también que luego del juicio de Dios, ¡Él derramará su poderoso poder!

LA GRAN COSECHA

A través de todo el mundo estamos testificando lo que, cualquiera sea el patrón de medida, es la mayor reunión de almas desde el tiempo de Jesús. Aunque nadie puede proveer estadísticas exactas, los que están bien informados acerca de China nos dicen que posiblemente 35.000 personas *al día* se están convirtiendo en cristianos, que ha subido de 20.000 durante partes de los años ochenta. Y esta es una nación en donde se ha utilizado toda forma de coerción política y militar por 40 años para erradicar al cristianismo. En África, al sur del Sahara, se estima que unos 20.000 a 30.000 se están volviendo a Cristo cada día. Una denominación en África del Sur tiene convenciones anuales de Pascua, que reúnen unos 2 millones de creyentes en cada ocasión.

Alguien calculó que en Latinoamérica 400 personas están renaciendo cada hora durante 24 horas del día. Guatemala ahora tiene más de 30% de evangélicos y ha elegido a un cristiano evangélico practicante como presidente. Una iglesia que se reúne en un teatro en el centro de Buenos Aires, Argentina, ahora sostiene servicios 23 horas al día, 7 días a la semana. Cierran de las 12:00 de la medianoche a la 1:00 de la mañana para limpiar. El Papa se ha alarmado tanto con el aumento de evangélicos renacidos en Latinoamérica que ha oprimido el botón de alarma y ha mandado que se detenga esto.

La caída de la Cortina de Hierro ha producido un fenómeno histórico en Europa Oriental. Nunca antes ha habido una cantidad tan grande de personas que siendo tan reacios al evangelio se hayan convertido de manera entusiasta en un período tan corto de tiempo. Un amigo mío, que no es particularmente conocido como evangelista, visitó recientemente una pequeña ciudad en Ucrania, en la que no había cristianos. Cuando llegó, se le pidió que hablara en un estadio local de *hockey* y que le explicara el cristianismo al pueblo. Las personas estaban tan hambrientas de escuchar que se enfrascaron en peleas, primero por asientos vacíos, luego por Nuevos Testamentos rusos que se estaban distribuyendo sin costo alguno.

Predicó un mensaje de salvación a través de un intérprete y ofreció una invitación. Los 4.000 asistentes se pararon para aceptar a Jesucristo. Creyendo que no eran sinceros o que no entendieron, repitió la invitación y tuvo los mismos resultados. Un amigo ruso entonces le dijo que estas personas eran sumamente serias. Algunas habían dejado sus granjas en un momento crucial de la cosecha para asistir. Ellos habían decidido que deseaban ser cristianos antes de venir y ¡sólo necesitaban saber cómo hacerlo!

He recibido tantos reportes que contienen un drama y una magnitud similar que he perdido la cuenta.

Cómo rechazar al diablo

No he visto a nadie describirlo mejor que George Otis, hijo, en su sorprendente libro, *The Last of the Giants* [El último de los gigantes]. Si pudiéramos tender a desanimarnos en cuanto a la extensión mundial del evangelio, sólo necesitamos dar un vistazo a vuelo de pájaro de lo que ha sucedido durante los últimos 2.000 años.

«En los días de la iglesia primitiva», dice Otis, «la estrategia misionera era relativamente sencilla. *Todas* las tierras estaban por evangelizarse, era necesario predicarle a *todas* las personas». A través de los próximos 1.900 años la marea subió y bajó, pero el resultado neto fue el avance, primero a través del Imperio Romano, luego a través de Europa, a las Américas y a Australia. Otis señala: «Hasta este punto, desde una perspectiva satánica, las cosas no se habían malogrado por completo[...] El cristianismo todavía estaba bastante contenido».

Pero, una vez más desde una perspectiva satánica: «Lo que *no* se esperaba, y ciertamente no era bienvenido, fue la desastrosa erupción de evangelización global en el siglo veinte». Como resultado, «Para gran desánimo del enemigo, las fronteras del mundo por evangelizar se han echado atrás de manera tan forzosa que ahora 75% de la población mundial tiene una oportunidad razonable de escuchar el evangelio».

El estado actual de las cosas, de acuerdo con Otis, es que los ejércitos de Dios «ahora han rodeado las últimas fortalezas de la serpiente: las naciones y los principados espirituales de la Ventana 10/40. Mientras que es cierto que la tarea restante es la fase de más reto de la batalla, los ejércitos de Lucifer actualmente confrontan una comunidad de creyentes cuyos recursos espirituales, de ser motivados, sometidos, y unificados de forma apropiada, son verdaderamente impresionantes».[1]

«VENTANA 10/40»

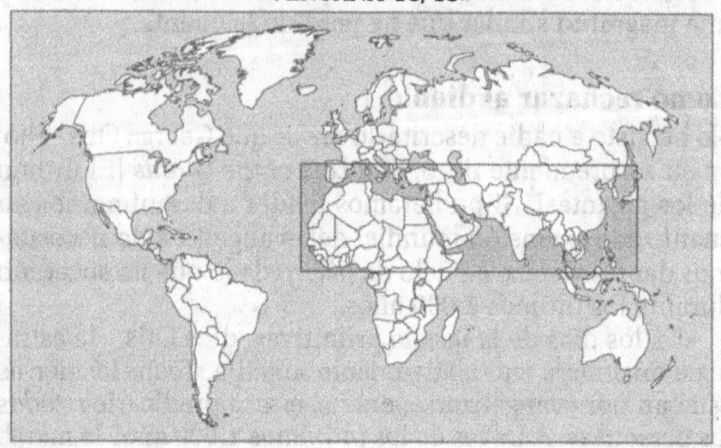

Jesús dice que oren

Jesús hace una declaración verdaderamente significativa y conocida acerca de la cosecha: «A la verdad la mies es mucha, mas los obreros pocos» (Mt 9.37). Esta situación es algo común entre los agricultores. El momento durante el ciclo de agricultura en que hacen falta más trabajadores es durante la cosecha. Como saben los agricultores, si no hay suficientes obreros a mano durante la cosecha, ésta pasará y se perderá.

Pero Jesús estaba haciendo una aplicación evangelística, hablando de multitudes, que, sin Dios, son como ovejas sin pastor. Tenemos una cosecha de esa clase en nuestras manos hoy, multitudes sin Dios que están listas para recibir el evangelio. Y los obreros son demasiado pocos.

¿Entonces qué hemos de hacer? Es necesario actuar de muchas formas, pero la primera que Jesús menciona es *orar*.

---

[1] George Otis hijo, *The Last of the Giants*, Chosen Books, Grand Rapids, Michigan, 1991, pp. 143, 144.

La oración puede cambiar su comunidad 137

«Rogad, pues, al Señor de la mies, que envíe obreros a su mies» (Mt 9.38). Las implicaciones de esto nos resultan claras hoy. Suponga que decidimos no orar. Entonces obviamente gran parte de la cosecha se perderá. Recuerdo de nuevo lo que dijo Jack Hayford, «Si nosotros no lo hacemos, Él no lo hará». En cierto sentido teológico así como práctico, el deseo de Dios de que todos se salven se cumplirá o no dependiendo de nuestras oraciones.

LA EVANGELIZACIÓN ES GUERRA ESPIRITUAL

El blanco principal de la evangelización mundial en los años noventa podría ser la Ventana 10/40, pero para ser sincero la mayoría de nosotros siente más responsabilidad por nuestra comunidad aquí en casa. Aunque deseamos involucrarnos en las misiones mundiales y algunos estaríamos abiertos al llamado personal de Dios para movernos a través de las culturas, allí no es donde estamos viviendo en este momento. Si miro arriba y abajo en mi calle, veo bastantes ovejas sin pastor. ¿Cómo pueden ser ganadas para Cristo?

Los contextos podrían ser diferentes, pero los principios son los mismos. ¿Por qué habría Jesús de decir que nuestra primera responsabilidad para penetrar nuestra comunidad con el evangelio es orar? Porque sabía lo que muchos de nosotros tendemos a ignorar: la evangelización, ya sea en la Ventana 10/40 o en mi calle es *guerra espiritual*.

Si no estamos claros acerca de esto, sólo necesitamos recordar la conversión del apóstol Pablo. Entonces conocido como Saulo de Tarso, era uno de los enemigos más fieros y temidos del cristianismo. Pero en camino a Damasco, a donde iba a perseguir cristianos, Saulo se convirtió de forma dramática por una aparición personal de Jesús. No sólo renació, sino que Jesús lo llamó a la evangelización mundial al mismo tiempo. Y le dio instrucciones claras.

Cuando Pablo, en obediencia al Señor, llegara a una nación naturalmente encontraría una población de incrédulos. La descripción de su trabajo dada por Dios era específica. Habría de convertir esas personas «de las tinieblas a la luz, y de la potestad de Satanás a Dios» (Hch 26.18). Lo que Pablo quizás no sabía en ese entonces, pero que luego aprendió mediante la experiencia, fue que cuando Satanás tiene a los incrédulos bajo su control, no los entrega sin pelear. Esto es lo que ahora llamamos guerra espiritual.

Nuestra principal arma es la oración

Cuando digo que Pablo aprendió esto después, pienso en lo que escribió a los creyentes en Éfeso. «Porque no tenemos lucha contra sangre y carne, sino contra principados, contra potestades, contra los gobernadores de las tinieblas de este siglo, contra huestes espirituales de maldad en las regiones celestes» (Ef 6.12). Se conoce a éste como uno de los principales pasajes en el Nuevo Testamento acerca de la guerra espiritual.

Sin un arma tan poderosa como la oración no podríamos esperar sacar a personas bajo el poder de Satanás[...] ni traerlas a la fe en Jesucristo.

Una buena parte de lo que Pablo escribe aquí es una descripción del armamento y el arsenal que nos da Dios para confrontar al enemigo en la guerra espiritual. Me gusta la manera en la que el erudito del Nuevo Testamento, Clinton E. Arnold, explica este pasaje. Él señala que, aunque para Pablo la guerra espiritual es tanto defensiva como ofensiva, «es más activa que reactiva».[2] Como parafrasea

---

2. Clinton E. Arnold, *Powers of Darkness*, InterVarsity Press, Downers Grove, Illinois, 1992, p. 159.

Arnold a Pablo: «La acción agresiva primordial a que está llamado el cristiano en el mundo es esparcir el evangelio».[3] Habiendo dicho eso, ¿cuál es la principal arma de guerra espiritual que necesitamos cuando nos movemos a la evangelización de nuestra comunidad? ¡La oración! Arnold dice: «Si Pablo fuera a resumir la forma principal de adquirir acceso al poder de Dios para librar una guerra espiritual exitosa, él afirmaría resueltamente que es mediante la oración. A ésta se le da mucha mayor prominencia en el pasaje de la guerra espiritual que en ningún otro de los implementos».[4]

Ahora puede ser un tanto más claro por qué Jesús diría que cuando nos encontremos en medio de la gran cosecha con pocos obreros, debemos orar. Sin un arma tan poderosa como la oración no podríamos esperar sacar a personas bajo el poder de Satanás, a quién Pablo llama, «el dios de este siglo» (2 Co 4.4) ni traerlas a la fe en Jesucristo. Sin la oración estaríamos prácticamente impotentes al tratar de evangelizar ya sea nuestra ciudad o la Ventana 10/40.

LA ORACIÓN DE GUERRA

Una vez que entendamos por qué es importante la oración para alcanzar a nuestra comunidad para Cristo, entonces debemos decidir qué tipo de oración usar. Como lo he mencionado anteriormente, en la Biblia se utilizan varias clases de oración. Todas ellas son importantes y cada una es apropiada para ciertas circunstancias.

El tipo de oración más indicado para el evangelismo diseñado para sacar a los incrédulos de las tinieblas a la luz y del poder de Satanás a Dios es la oración de guerra. Se le conoce también como «atar al hombre fuerte». Otro libro en esta serie *Guerrero en oración*: *Oración de guerra* (Editorial

---
3. *Ibid.*, p. 157.
4. *Ibid.*, p. 158.

Betania), entra en más detalle en este tema. En este punto, simplemente necesitamos estar claros en cuanto a lo que la Biblia quiere decir con «atar al hombre fuerte».

Algo significativo en el ministerio terrenal de Jesús vino cuando Pedro, en favor de todos los discípulos, declaró: «Tú eres el Cristo, el Hijo del Dios viviente» (Mt 16.16). En respuesta, Jesús por vez primera les dijo por qué había venido: «Edificaré mi iglesia» (Mt 16.18). Edificar la iglesia, por supuesto, es una declaración evangelística.

Entonces Jesús añade: «Las puertas del infierno no prevalecerán contra ella». Aquí hay una fuerte pista de la guerra espiritual que le espera a cualquiera que intente edificar la Iglesia. Satanás no procura permitir que suceda sin oposición alguna. Pero él no podrá detener el avance del evangelio porque Jesús dijo: «Te daré las llaves del reino de los cielos» (Mt 16.19). El Reino de Dios avanzará si se usan esas llaves.

Pero, ¿qué son las llaves?

Jesús dijo: «Y todo lo que atares en la tierra será atado en los cielos; y todo lo que desatares en la tierra será desatado en los cielos» (Mt 16.19). Entonces, atar tiene significado evangelístico. Ahora los discípulos comenzaban a entender más acerca de lo que quería decir Jesús cuando anteriormente les dijo: «¿Cómo puede alguno entrar en la casa del hombre fuerte, y saquear sus bienes, si primero no *le ata*?» (Mt 12.29, énfasis mío).

Ponerse la armadura y dividir el botín

La enseñanza más clara de Jesús acerca del hombre fuerte se encuentra en Lucas 11. Este es un pasaje acerca de los demonios, que comienza en Lucas 11.14; Jesús está sacándole un demonio a un hombre mudo. Cuando el demonio se marcha, el hombre habla por vez primera.

Los fariseos estaban mirando esta dramática demostración de poder sobrenatural, y se preguntaban: «¿Cómo lo hizo?» Su conclusión fue lógica, dadas sus presuposiciones. Ellos dijeron: «Por Beelzebú, príncipe de los demonios, echa fuera los demonios» (Lc 11.15). Note que escalaron el escenario.

En *Oración de guerra*, distinguí entre la guerra espiritual en el frente de batalla, la guerra espiritual a nivel de lo oculto y la guerra espiritual a nivel estratégico. Jesús comenzó a nivel del frente de batalla sacando un demonio ordinario, pero los fariseos la escalaron a nivel estratégico al mencionar a Beelzebú, uno de los principales principados. Así que el resto de este pasaje se ocupa de la guerra a nivel estratégico, el tipo que requiere oración de guerra.

Jesús, por supuesto, niega sacar demonios mediante el poder de Beelzebú, sino más bien a través del «dedo de Dios» (Lc 11.20), el cual, como hemos visto en el pasaje paralelo en Mateo 12.28, significa «el Espíritu de Dios». La fuente del poder de Jesús era el reino de luz, no el de las tinieblas.

Jesús entonces utiliza la ocasión para una enseñanza significativa. Y dice: «Cuando el hombre fuerte armado guarda su palacio, en paz está lo que posee» (Lc 11.21). Obviamente, en este contexto el «hombre fuerte» se refiere a Beelzebú o algún otro principado de alto rango. ¿Cuáles son los «bienes» que los principados y los poderes de las tinieblas guardan de forma tan celosa? Indudablemente hay muchos, pero ninguno les resulta más valioso que las almas perdidas. Siempre y cuando la armadura del hombre fuerte esté intacta, tiene a las almas perdidas en donde quiere.

Pero cuando «alguien más fuerte que él», que sólo podría indicar al Espíritu Santo, «lo derrota» o como diría Mateo, «lo ata», «le quita todas sus armas en que confiaba, y reparte el botín» (Lc 11.22). ¿Qué activa esta guerra espiritual realizada para atar los principados y los poderes? Como vimos en base a Efesios 6, es la oración, específicamente la oración de guerra.

En resumen, atar al hombre fuerte es utilizar las llaves del «Reino del cielo» para que las puertas del Hades no obstruyan la edificación de la Iglesia de Cristo aquí en la tierra. A través de la oración de guerra, podemos liberar almas perdidas y llevarlas «de las tinieblas a la luz, y de la potestad de Satanás a Dios» (Hch 26.18).

También tenemos que tomar en cuenta que atar al hombre fuerte no es evangelizar. Ello jamás salvó a nadie. Sólo el evangelio de Jesucristo es el poder de Dios para salvación como dice Pablo en Romanos 1.16. Predicamos a Cristo y a este crucificado. Pero hay multitudes en nuestro mundo y en nuestras comunidades que, si las cosas no cambian, jamás podrán escuchar el evangelio de Cristo y tomar la decisión de aceptarle o rechazarle. Creo que la oración de guerra dirigida por el Espíritu puede cambiar las cosas y ayudar a eliminar las anteojeras que ha puesto el dios de este siglo.

CÓMO ORAR *POR* LA COMUNIDAD

¿Cómo se puede traducir, hoy en día, la oración significativa por nuestras comunidades? Dios está respondiendo esta pregunta de formas sorprendentes y nos está proveyendo los medios para orar como nunca antes.

Los cristianos oran por sus comunidades de dos maneras principales:

- La oración en la iglesia local realizada por los miembros de la misma.
- Personas cristianas de varias iglesias locales orando juntas por su comunidad.

Si analizáramos la vida de oración de la mayoría de las iglesias locales de hoy, hallaríamos poca oración explícita y abierta por la comunidad. Muchas iglesias oran por los perdidos en su comunidad, pero no oran mucho por la comunidad en general. Esto se debe en parte a que las necesidades de la congregación son tan grandes que ellas mismas requieren mucho tiempo de oración. Pero se podría deber en parte al desaliento. Cuando han tratado anteriormente de orar por su comunidad, no han visto mucho cambio.

Lo que más temen los espíritus territoriales es la unidad de los pastores, y a través de ellos la unidad del Cuerpo de Cristo.

Una de las razones para esto es que la autoridad de una iglesia local no es muy grande en la comunidad en general. Mientras más aprendemos acerca de «tomar nuestras ciudades para Dios»,[5] como diría John Dawson, más entendemos el significado literal de la oración de Jesús en Juan 17: «que también ellos sean uno en nosotros; para que el mundo crea que tú me enviaste» (17.21). Sin la práctica y visible unidad del Cuerpo de Cristo en una ciudad en particular, se pueden esperar pocas respuestas hasta para las más fervientes oraciones de guerra.

La unidad necesaria en la ciudad para la guerra espiritual debe comenzar con la unidad entre los pastores y los principales líderes cristianos. Los pastores de las iglesias locales son los guardianes espirituales de las puertas de la ciudad, y como tales tienen autoridad divina. Aparentemente Satanás conoce eso mucho mejor que los pastores, «al unirnos prevalecemos; al dividirnos nos caemos» (John Dickinson, 1768). Ciudad tras ciudad, Satanás ha tenido éxito en mantener divididos a los pastores y conservar así la autoridad de cualquier hombre fuerte que haya asignado a la ciudad. Por buena razón, lo que estos espíritus territoriales más temen es la unidad de los pastores, y mediante ellos la unidad del Cuerpo de Cristo.

Conciertos de oración

Uno de los primeros en reconocer la falta de oración unida y que comenzó a tomar pasos para cambiar la situación

---

5. John Dawson, *La reconquista de tu ciudad*, Editorial Betania, Miami, Fl., 1991.

fue David Bryant, fundador de *Concerts of Prayer International* [Conciertos de Oración Internacional]. A través de los años ochenta, mi amigo David subió a la cima a través de los EE.UU. como el principal promotor de la oración unida a nivel de ciudad. Aunque relativamente pocos líderes hablaban de ello en ese entonces, el celo de Bryant jamás flaqueó.

Bryant fue grandemente inspirado por el liderazgo de Jonathan Edwards en el Primer Gran Avivamiento de los EE.UU. y su libro para preparar a los cristianos para Él: *An Humble Attempt to Promote Explicit Agreement and Visible Union of God's People in Extraordinary Prayer of the Revival of Religion and the Advancement of Christ's Kingdom on Earth* [Un humilde intento de promover la concordancia explícita y la unión visible del pueblo de Dios en oración extraordinaria para el avivamiento de la religión y el avance del Reino de Cristo en la tierra]. Bryant considera este extenso título como una definición de los «conciertos de oración».[6]

Al desarrollar los conciertos de oración, Bryant estaba intentando combinar las fortalezas de dos clases de grupos de oración que había observado: los que oraban por el avivamiento en la iglesia, y los que oraban para alcanzarlo. Él reconoció que la oración interna debe equilibrarse con la externa por la comunidad y el mundo.

Se percibe la visión de Jonathan Edwards de «la unión visible del pueblo de Dios» como un ingrediente clave para conciertos de oración. Bryant dice: «El concierto de oración provee una expresión visible de la unidad en el Cuerpo de Cristo». La percibe como una respuesta a la oración de Cristo en Juan 17, y añade: «A través de la intercesión corporativa somos forjados de nuevo en Cristo, los unos con los otros y con la misión de Cristo en el mundo».[7]

---

6. David Bryant, *How Christians Can Join Together in Concerts of Prayer for Spiritual Awakening and World Evangelization*, Regal Books, Ventura, California, 1988, p. 13.
7. *Ibid.*, p. 96.

A medida que se han multiplicado los conciertos de oración en las ciudades a través de los EE.UU. y Canadá, se han hecho avances significativos en la unidad del pueblo cristiano en oración por sus comunidades. De nuevo, mientras más pastores locales de iglesia adquieran la visión de los conciertos de oración y participen personalmente, más fuertes serán.

Cumbres de oración

Joe Aldrich ha lanzado cumbres de oración, quizás porque entiende la necesidad de que los pastores tomen el liderazgo para lograr la unidad del Cuerpo de Cristo en una ciudad, y las define como «conferencias diseñadas para provocar renovación y unidad entre los pastores y otros líderes de iglesia».[8]

Comenzando en el Noroeste, en donde Aldrich sirve como presidente de la Escuela Bíblica Multnomah en Portland, Oregón, los que él está preparando han conducido cumbres de oración en ciudad tras ciudad. Los resultados, que casi han llegado a ser predecibles, son sorprendentes. Esto, me parece, es un ejemplo de un concepto que está disfrutando una unción poderosa y divina para las clases de cosas que Dios desea lograr entre los líderes espirituales o los guardianes de las puertas de las ciudades de hoy.

Las cumbres de oración tienen gran potencial para comenzar el proceso de cambio radical en la atmósfera espiritual de nuestras ciudades. El subtítulo del libro de Aldrich *Prayer Summits* [Cumbres de oración] es: *Seeking God's Agenda for Your Community* [Cómo buscar la agenda de Dios para su comunidad]. Una característica singular de la cumbre de oración es que los pastores se juntan en un contexto de retiro por cuatro días y no tienen ninguna agenda propia. No tienen una alineación de conferencistas ni ningún programa diario. Casi siempre terminan cantando

---

8. Joe Aldrich, *Prayer Summits*, Multnomah Press, Portland, Oregón, 1992, p. 15.

de 75 a 100 canciones e himnos al día, oran juntos, escuchan a Dios, leen la Escritura y reciben lo que el Espíritu Santo pueda tener para ellos. Uno de los ministerios normales del Espíritu Santo es el arrepentimiento profundo y el perdón. Los líderes están permanentemente unidos para cualquier otra cosa que Dios pueda tener para su comunidad.

Los pastores que asisten a una cumbre de oración son animados a sostener asambleas solemnes en sus iglesias. Son «asambleas convocadas de forma especial, diseñadas para ocuparse de la desobediencia y el pecado en la congregación de una iglesia local».[9]

Luego de una cumbre de oración y varias asambleas solemnes, los pastores de Portland, Oregón, decidieron cancelar sus servicios vespertinos y reunirse en el Coliseo de Portland a comienzos del 1992. Asistieron unos 13.500 de todas las iglesias y tradiciones para lo que se describió como «La mejor reunión familiar que jamás haya tenido Portland». Dale German, un pastor nazareno, reporta: «La celebración nunca terminó. Cantamos, oramos juntos y aplaudimos a Dios. Todos compartimos la carga. Todos sentimos la opresión espiritual en Portland y el Noroeste. Todos deseamos que la ciudad de Portland sea sacudida por Dios y la justicia».[10]

Alertas de oración en la ciudad

Aunque no se ha probado extensamente al momento de escribir, uno de los conceptos más prometedores para la oración unida a nivel de toda la ciudad ha surgido de Avery Willis, de la Junta de Escuela Dominical de la Convención Bautista del Sur. Bajo el Curso Unido de Oración 2000 A.D., está desarrollando materiales para ayudar a organizar grupos de oración de las iglesias en cada ciudad para proveer un manto de oración de 24 horas para la comunidad.

---

9. *Ibid.*
10. *Ibid.*

Cada grupo de oración se matricula para una semana, lo cual significa que se necesita un total de 168 grupos para cubrir cada ciudad. El diseño es sencillo: cuando cada grupo está a punto de concluir su hora de oración, llaman al próximo grupo para asegurarse de que no se detenga la cadena. Esto tiene el potencial de vincular a todo el Cuerpo de Cristo de la ciudad para un esfuerzo de oración en conjunto semana tras semana, lo que no tiene precedente alguno que yo conozca. Juntamente con los conciertos y las cumbres de oración, puede pavimentar el camino para el cambio permanente en la atmósfera de la ciudad.

CÓMO ORAR *EN* LA COMUNIDAD

En la década de los noventa Dios está resaltando un concepto, el cual, al menos para mí, es vigorizantemente nuevo. Unos cuantos lo han estado practicando por un tiempo, pero ahora Dios está mostrándole a todo el Cuerpo de Cristo cómo orar *en* la comunidad.

Los conciertos de oración, las cumbres de oración, las alertas de oración en la ciudad y muchas otras actividades parecidas están creadas para promover la oración *por* la ciudad. Yo pertenezco a un movimiento llamado «Love L.A.» [Ama a Los Ángeles]. Los pastores se reúnen tres veces al año de 7:00 a.m. a 11:00 a.m. para la oración unida en la Iglesia Presbiteriana de Hollywood y entonces una noche al año en la parte sur central de Los Ángeles en el Centro Cristiano Crenshaw, todos los miembros de la iglesia son invitados. Asisten de 400 a 1.200 pastores y hasta 8.000 laicos se reúnen para orar. En Ama a Los Ángeles oramos *por* nuestra ciudad.

Por algún tiempo, he estado sintiendo en mi espíritu que Dios estaba tratando de mostrarnos algo nuevo. No que lo antiguo fuera malo o que debía eliminarse. Al contrario, nuestras oraciones por la ciudad necesitan multiplicarse en frecuencia e intensidad. No es y/o, es ambos/y. Concuerdo con lo que escuché a David Bryant decir en la Conferencia estadounidense acerca de la oración a nivel estratégico en 1993: «La oración a nivel estratégico jamás debe efectuarse independientemente de la oración unida para el avivamiento, *porque* al nivel que Dios gane la batalla dentro de la Iglesia y elimine las fortalezas allí; en última instancia prevalecerán las otras oraciones por la Ventana 10/40».

Cómo derribar las murallas

Unirse en la oración por el avivamiento me resulta tan importante que no olvidaré muy pronto una conferencia de crecimiento eclesiástico en la Segunda Iglesia Bautista de Houston a la cual asistí en la primavera del 1992 en donde escuché a Jack Graham, pastor de la Iglesia Bautista Prestonwood de Dallas, expresar exactamente lo que sentí que Dios estaba mostrándome:

«El avivamiento vendrá cuando derribemos las murallas entre la iglesia y la comunidad».

Me conmoví profundamente en mi espíritu cuando escuché eso. Se ha convertido en lo que creo es una palabra profética para mí personalmente y para el Cuerpo de Cristo en general. Gran parte de lo que Dios desea hacer en nuestras ciudades en los noventa sucederá si obedecemos esta palabra, y recíprocamente gran parte de lo que Dios desea *no* sucederá si no obedecemos.

Me encanta la manera en que lo dice Jack Graham: *«El avivamiento vendrá...»* El avivamiento sólo llega. No lo producimos ni lo generamos. Dios envía el avivamiento mediante Su Espíritu Santo.

Pero hay una condición: *«cuando derribemos las murallas entre la iglesia y la comunidad».* Dios no va a derribar esas murallas por sí mismo. Podría hacerlo a través de Su soberano poder, pero ha elegido no hacerlo. Me imagino que una de las razones podría ser que Él no las colocó en primera instancia. A nosotros nos toca derribar esas murallas.

De todas las iglesias y denominaciones en Londres, Inglaterra, la que ha tenido el impacto más verificable en su comunidad inmediata es el Templo Kensington, de acuerdo con un estudio reciente por MARC Europa. El pastor Wynee Lewis ha revelado que en 1982, había 26 asambleas de brujas localizadas dentro de un radio de un kilometro de la iglesia. Ellas habían unido sus fuerzas y declarado: «Vamos a cerrar el Templo Kensington».

Al escuchar esto una mujer de Uganda que era miembro de la congregación se acercó al pastor Lewis con una mirada de indignación y rechazo. Y dijo: «¿Quiénes son las brujas que desean cerrarnos? ¡Averigüe sus direcciones y démelas!» Formó un equipo de oración con intercesores de Gana y Nigeria y salió a la comunidad, sosteniendo reuniones de oración de guerra frente a los centros de las brujas. Y estos cerraron uno por uno. Estas mujeres africanas sabían cómo derrumbar las murallas.[11]

Como algo aparte, algunos se percatarán de que este libro acerca de la oración relacionado con la iglesia local es el cuarto de la serie *Guerrero en oración*. Cuando la diseñé creí que este libro podría ser el primero. Pero mes tras mes, no pude comenzarlo aunque tenía todo el material necesario. Entonces Dios me mostró por qué. Me dijo a Su manera que estaba trabajando sólo en la mitad de la presuposición apropiada. Mi idea era hacer un libro acerca de la oración en la iglesia local, parte del cual sería la oración *por la comunidad*. La mitad que faltaba, me mostró Dios, era la oración fuera de las paredes de la iglesia *en la comunidad*. Los últimos cuatro capítulos constituyen la mitad que hacía falta anteriormente.

EL QUERER COMO EL HACER

Dios no sólo nos ha dicho que hagamos nuestras oraciones en la comunidad, sino que también nos ha dado algunas maneras excitantes e innovadoras para hacerlo. Además,

---

11. Wynne Lewis, «The Supernatural» [El supernatural], *World Pentecost*, Primavera 1993, p. 5.

¡son divertidas! La oración divertida es un concepto un tanto raro, pero creo que Dios está cumpliendo para nosotros lo que escribió Pablo en Filipenses: «Porque Dios es el que en vosotros, produce así *el querer* como el hacer, por su buena voluntad» (Flp 2.13, énfasis mío).

Han surgido cuatro maneras de orar en la comunidad como principales actividades cristianas para los años noventa. Otras podrían aparecer, pero éstas, ahora, están en pie:

- **Marchas de alabanza.** Estas se concentran en ciudades.
- **Caminatas en oración.** Concentradas en los vecindarios.
- **Expediciones de oración.** Estas se enfocan en las regiones.
- **Viajes de oración.** Estos se concentran en fortalezas.

Una referencia bíblica que creo es una palabra profética para orar fuera de nuestras iglesias hoy es Josué 1.3, dada por Dios a Josué mientras se preparaba para dirigir su pueblo a la Tierra Prometida. Dios dijo: «*Yo os he entregado, como lo había dicho a Moisés, todo lugar que pisare la planta de vuestro pie*» (énfasis mío). Creo que Dios nos está aguijoneando fuera de nuestras iglesias a través de conciertos de oración o nuestras cumbres de oración y a nuestras comunidades para orar allí físicamente.

A medida que le obedezcamos, nos estaremos acercando más y más al avivamiento que desea enviar.

—PREGUNTAS DE REFLEXIÓN—

1. ¿Concuerda con que la Iglesia mundial está en el umbral de un gran reavivamiento? ¿Cuáles son algunas de las cosas que le llevan a esa conclusión?

2. Mire de nuevo el mapa de la «Ventana 10/40». Mencione algunos de los países allí y diga cuáles son las necesidades importantes de oración en ellos.
3. ¿De qué manera sería preciso decir que el evangelismo es guerra espiritual? ¿El «atar al hombre fuerte» salva almas por sí mismo? Hable acerca de esto.
4. Discuta los beneficios de los conciertos de oración y las cumbres de oración. ¿Ha experimentado alguno de ellos o ha escuchado reportes de parte de otros acerca de los mismos? ¿Cree que sería posible sostener un concierto de oración regular en su ciudad? De ser así, llame o escriba a: Concerts of Prayer International, P.O. Box 36008, Minneapolis, MN 55435, Tel: 612-853-1740, Fax: 612-853-8474.
5. ¿Cómo expresaría la crucial diferencia entre orar *por* su comunidad y orar *en* su comunidad? ¿Concuerda con que Josué 1.3 podría tener una aplicación directa hoy?

CAPÍTULO

Marchas de alabanza

SIETE

En el otoño de 1991, Doris y yo estábamos en Nuremberg, Alemania. Esta, entre otras cosas, fue una de las localidades centrales del poder nazi de Adolfo Hitler. Aquí las tropas pasaban revista y Hitler se jactaba ante el mundo por su poderío militar. Nuremberg fue uno de los sitios de la notoria «Noche de cristal» nacional el 9 de noviembre de 1938, cuando Hitler comenzó su despiadada carnicería de más de 6 millones de judíos.

La declaración de Berlín

Había sido invitado como conferencista principal para una charla de crecimiento eclesiástico auspiciada por la Sociedad Alemana de Crecimiento de Iglesias y el Movimiento de Renovación de la Iglesia Protestante del Estado. Estos últimos eran carismáticos y los primeros no, en su mayoría. Esto era sorprendente ya que Alemania se conoce como una de las naciones del mundo que tiene la mayor pared de separación entre carismáticos y no carismáticos. Unos 5.000 asistieron a la conferencia y los líderes de ambos grupos compartieron igualmente de la plataforma.

Históricamente, fue levantada una gran barrera para la unidad cristiana en Alemania por los líderes del Movimiento Pietista y la Alianza Evangélica en 1909, con lo que ellos denominaron «La Declaración de Berlín». Esta fue una de las más fuertes declaraciones anticarismáticas que jamás se haya pronunciado, atribuyéndole a las actividades de los carismáticos (o pentecostales) poder procedente «de abajo», no de arriba. Y de forma periódica a través de los años los que reclaman ser pietistas han reafirmado su seguimiento de «La Declaración de Berlín». Esta se había convertido en una verdadera fortaleza del enemigo para mantener fragmentado al Cuerpo de Cristo.

Una marcha en Nuremberg

Poco después de que llegáramos, se nos dijo que los organizadores de la conferencia habían planificado una Marcha por Jesús a través de las calles de Nuremberg en uno de los días de la conferencia. Habría de comenzar y terminar en el mercado al aire libre en donde Hitler había planificado su «Noche de cristal». El día de la marcha fue frío y lluvioso. Sin embargo, unas 8.500 personas aparecieron con estandartes, globos, sombrillas decoradas y estaban de un humor gozoso y festivo. Se habían colocado altoparlantes en camionetas y se había levantado una plataforma para la reunión de oración al final de la marcha.

La marcha pasó a través de las calles centrales de la ciudad de Nuremberg por casi 2 kilómetros. Los creyentes se habían unido para cantar alabanzas a Dios al unísono. Doris y yo nos unimos a la marcha; pero ella se vio obligada a ir en una silla de ruedas debido a una rodilla enferma, que luego requirió intervención quirúrgica. Ambos nos sentimos abrumados con la emoción. Durante los primeros 10 minutos, no pudimos hablar ni cantar. Estábamos llorando bajo la presencia del Espíritu Santo quién nos estaba dando un destello de las increíbles victorias espirituales que se están ganando sobre las fuerzas de las tinieblas en el mundo invisible.

Uno de los líderes de la conferencia se me acercó. Obviamente estaba sintiendo lo mismo que nosotros. Dijo: «Hemos decidido cambiar nuestro programa esta noche. Necesitamos arrepentimiento público. Y nos gustaría que cambiara su mensaje y hable acerca de ellos».

Esa noche el Espíritu Santo obró de manera poderosa. Relaté la profecía del cordón tripartita que no se rompe fácilmente, el que he mencionado en un capítulo anterior. Conté acerca del Congreso de Lausana en Manila, en donde los carismáticos y los no carismáticos fueron unidos por el Espíritu de Dios como dos de los cordones para la evangelización mundial. También fui lo suficientemente atrevido como para admitir el desaliento de los que éramos líderes del Congreso de Manila cuando los delegados alemanes protestaron de forma pública que el ministerio de Jack Hayford en una sesión plenaria era demasiado carismático, y ofensivo para ellos. Indicaron además, que probablemente también era ofensivo para Dios.

Concluí relatando un incidente en Tokio en 1990 en el cual Dios me llevó al arrepentimiento público. Me humillé, como estadounidense, ante unos 1.000 líderes japoneses y me arrepentí del pecado de arrojar una bomba atómica sobre Hiroshima y Nagasaki en la Segunda Guerra Mundial. Luego de eso, los pastores japoneses tomaron el micrófono y se arrepintieron, usando gran emoción, por los pecados que Japón había cometido no sólo contra los EE.UU. sino contra muchas otras naciones también.

El repudio a «La Declaración de Berlín»
Cuando terminé de hablar, el Espíritu Santo cayó poderosamente sobre la audiencia en Nuremberg. Muchos de los 5.000 asistentes estaban llorando de forma audible. Entonces el líder de la facción que no era carismática, Klaus Eickhoff, tomó la plataforma y, usando una magnífica combinación de retórica y remordimiento, declaró que «La Declaración de Berlín» estaba anulada y abolida y confesó que al propagarla habían pecado no sólo contra Dios sino también contra las enseñanzas mismas de Martín Lutero.

El líder carismático, Friedrich Aschoff, respondió expresando palabras adecuadas de perdón y arrepentimiento recíproco por la arrogancia y el orgullo espiritual. La conferencia recibió amplia publicidad en los medios alemanes, aun negativa, de parte de teólogos que todavía apoyaban la declaración. Pero para muchos, la reunión fue un punto histórico en la unidad del Cuerpo de Cristo en Alemania.

¿Por qué cuento esta historia?

Como testigo ocular, creo que uno de los instrumentos visibles clave que Dios utilizó para traer arrepentimiento y unidad fue la Marcha por Jesús. El poder espiritual liberado en esa marcha de alabanza en Nuremberg fue extraordinario.

LA IGLESIA EN LAS CALLES

La Marcha por Jesús fue iniciada por Graham Kendrick, un joven compositor británico y líder de adoración; Roger Forster, fundador de la Comunión Cristiana Ichthus; Gerald Coastes, fundador de los Ministerios Pioneros; y Lynn Green de YWAM. Una «marcha embriónica improvisada», para usar las palabras de Graham Kendrick[1], a través del notorio distrito de Soho, Londres, en 1985, comenzó a batir

---

1. Graham Kendrick, Gerald Coates, Roger Forster y Lynn Green con Catherine Butcher, *March for Jesus*, Kingsway Publications, Eastbourne, Inglaterra, 1992, p. 26.

los jugos creativos de estos cuatro innovadores un tanto iconoclastas.

Lo que vieron claramente se resume de forma colorida por Graham Kendrick: «Gran parte de lo que sucede en la iglesia sucede tras puertas cerradas. La una vez poderosa iglesia visible ha llegado a ser prácticamente invisible. Tengo una visión para que la iglesia llegue una vez más a ser visible, una "novia en exhibición" por así decirlo. Es tiempo para que la esposa de Cristo deje de esconderse y se muestre».[2] Esta es otra manera de decir que la Iglesia no sólo debe orar *por* la comunidad, sino que también debe orar *en* la comunidad.

La primera Marcha por Jesús se anunció para mayo de 1987 en Londres. Los organizadores esperaban que unos 5.000 podían aparecer para proclamar su fe. Cuando resultó ser un día miserable y lluvioso rebajaron mentalmente sus expectativas. Pero unas sorprendentes 15.000 persona se unieron en la marcha y los reportes fueron tremendamente positivos. Ellos sabían que tenían algo especial.

El año próximo la Marcha londinense por Jesús atrajo no menos de 55.000 personas. En 1989, decidieron descentralizarla y se organizaron marchas en 45 ciudades grandes. En 1990, en 700 ciudades y pueblos en el mismo día a través del Reino Unido se estima que marcharon unos 200.000. En 1991, hubo un resultado parecido. Ese año también, Tom Pelton organizó la primera Marcha por Jesús a nivel de ciudad en los EE.UU. en Austin, Texas, en donde 15.000 cristianos de 120 iglesias se unieron en alabanza pública. También se sostuvieron marchas espontáneas en Argentina, Japón, Zimbabwe, Guatemala, Brasil, Australia y, como he descrito, en Nuremberg, Alemania.

Un día para cambiar al mundo

En mayo de 1992, la primera Marcha por Jesús coordinada internacionalmente, planificada en principio para Europa,

---

2. George Jones, «Graham Kendrick: Taking Worship Into the Streets», *Ministries Today*, noviembre-diciembre 1991, p. 48.

se esparció a través del Atlántico a los EE.UU. también. Esta habría de ser la precursora de las marchas internacionales en junio de 1993, lo que se está llamando «Un día para cambiar al mundo», el 25 de junio de 1994. Esta masiva iniciativa de oración, coordinada por el Curso Unido de Oración 2000 A.D., ha promovido muchas actividades de oración a gran escala para ese día auspiciados por casi todas las redes internacionales de oración cristianas.

Se anticipa que hasta 30% de los cristianos comprometidos en el mundo han de participar el 25 de junio de 1994, en oración sincronizada, coordinada e instruida para sus comunidades y naciones y para los pueblos de la Ventana 10/40. La pieza central del día serán las Marchas por Jesús en casi cada ciudad capital de casi cada nación del mundo, incluyendo varios cientos de otras ciudades. El comité 2000 A.D. de Seúl, Corea, ha establecido una meta de 2 millones de cristianos coreanos participando ese día sólo en la ciudad de Seúl.

Si el 23 de mayo de 1992 es indicación alguna, hay gran esperanza. En ese día, la Marcha por Jesús se desarrolló en 200 ciudades, 40 en Europa y 160 en los EE.UU. y Canadá. Participaron más de 600.000 personas. Las marchas fueron todas diferentes, pero iguales.

He aquí como Graham Kendrick describe una de las Marchas por Jesús: «Un bosque de estandartes se levantó y comenzó a moverse como algo vivo, tan lentamente como comenzó la gran procesión. Los niños en sus coches o en los hombros; los inválidos avanzando en sus sillas de ruedas; personas de todas las edades, colores y clases unidos de brazos. Aquí y allá los más ágiles comenzaban danzas circulares espontáneas mientras los músicos procuraban andar y tocar a la misma vez. Nuestros corazones se derritieron juntos a medida que la preocupación de todos era darle gloria a Dios».[3]

---

[3]. Randy Robison y John Archer, «Praise Him in the Streets», *Charisma and Christian Life*, mayo 1992, p. 22.

Jesús vive

Ciudad tras ciudad el 23 de mayo de 1992, se animó a los creyentes en su fe y su testimonio, se alcanzaron nuevos niveles de unidad cristiana y los espectadores descubrieron que la Iglesia de Jesucristo estaba viva y muy viva en sus comunidades. He aquí algunos de los informes oculares:

Erica Youngman de Londres, Inglaterra: «Una colorida muchedumbre de más de 45.000 marchó por Jesús desde el Parque Battersea hasta Hyde Park en Londres. La atmósfera fue mucho más gozosa que las marchas anteriores, con cristianos de toda la gama denominacional, incluyendo muchos de las iglesias de las Indias Occidentales. Hubo una cobertura positiva en las dos cadenas nacionales de televisión, ¡un adelanto!»

Quanrud de Tirana, Albania: «La marcha comenzó con 300, pero se expandió a más de 2.000 al final. Las personas apreciaron la libertad de poder tener la marcha, y había un verdadero sentimiento de bendición en la nación».

Tobías Gerster de Berlín, Alemania: «Juntos, a pesar de las diferencias denominacionales, 60.000 personas caminaron las calles confesando de forma pública su fe. Con el sol brillando marcharon a través de la Puerta de Brandeburgo, el símbolo de la separación de Alemania mediante la influencia comunista. La marcha fue una señal impresionante del cambio en Alemania».

Tom Pelton de Austin, Texas: «Un estimado conservador de la participación este año es de 20.000. Antes de la marcha estuvimos cubiertos por lluvia torrencial durante seis días. El día de la marcha tuvimos cielos azules y temperaturas en los 80°F. Se recibió una ofrenda de $20.000 y se le entregó a la Ciudad de Austin para el Hospital Infantil».

Dougie Brown de Moscú, Rusia: «500 personas marcharon del punto de reunión 3 kilómetros del Kremlin con coloridos estandartes, cintas y banderas proclamando a Jesús. Hubo tremenda adoración fuera del Parque Gorky y otros 100 se unieron al grupo. Unas 15 personas hicieron manifestación de fe».

Garry Martin de Menfis, Tennessee: «En esta ciudad, conocida por la segregación racial, un pastor blanco y uno negro trabajaron juntos como organizadores. La localización que eligieron fue un lugar en donde los negros habían sido subastados como esclavos hace más de 100 años atrás. La marcha fue mitad negra y mitad blanca, un poderoso testimonio público del amor de Jesús».

Zdzislaw Weyna de Wroclaw, Polonia: «4.500 personas tomaron parte en la marcha en Wroclaw, llegando a la ciudad de diferentes regiones de la nación. Muchos comentaron acerca de la magnífica atmósfera de oración y la buena cooperación de la administración de la ciudad. Vimos derrumbarse murallas de desconfianza entre los líderes y los creyentes de diferentes denominaciones. Los creyentes ahora aguardan de forma gozosa la próxima marcha».

Añada testimonios parecidos de participantes en 193 otras ciudades, y comenzará a aclararse el impacto de estas marchas públicas de alabanza.

LAS MARCHAS DE ALABANZA, ¿SON ORACIÓN?

Algunos indudablemente se preguntaran por qué estoy incluyendo un capítulo acerca de las marchas de alabanza en un libro acerca de la oración. Para muchos de nosotros, la oración significa hablarle a Dios en nuestro tiempo diario devocional, bajando nuestras cabezas para orar en la mesa o cerrar nuestros ojos mientras el pastor dirige en oración un servicio de iglesia. La postura apropiada para la oración es «cabezas bajadas y ojos cerrados», como acostumbramos escuchar decir a Billy Graham.

Entonces, ¿cómo andar por las calles con nuestros ojos abiertos, dando palmadas, moviendo estandartes, cantando y gritando, tocando panderetas y bailando, puede remotamente considerarse como oración?

Aunque toma un tiempo para que algunos de nosotros nos acostumbremos a esta forma particular de alabanza como oración legítima, realmente jamás hemos dudado que la alabanza, en sí misma, sea parte de la oración. Cuando los discípulos le pidieron a Jesús que les enseñara a orar, Jesús respondió con lo que llamamos el Padrenuestro. Y comienza: «Padre nuestro que estás en los cielos, santificado sea tu nombre» (Mt 6.9). A veces la palabra «santificado» encubre lo que realmente significa esto. La *Living Bible* [La Biblia al día] lo expresa en lenguaje más sencillo: «honramos tu santo nombre». Rendirle honor, adoración, y alabanza a Dios *es* oración.

Existe una distinción técnica entre la adoración y la alabanza, pero no es algo que enfaticemos rígidamente. La primera expresa nuestro profundo amor y devoción a Dios. La última le declara a Dios, a nosotros mismos, y al mundo la grandeza, la majestad, el poder y la gloria de Dios. Sin embargo, en el lenguaje diario se utilizan la adoración y la alabanza y se extienden el uno sobre el otro bastante en su significado. En nuestros momentos de adoración, también alabamos y en nuestros momentos de alabanza también adoramos. «Santificado sea tu nombre» puede extenderse para incluirlos a ambos.

Cómo se expresa esta alabanza y adoración en un momento y lugar determinado es un asunto de forma, no de sustancia. Cuando sucede algo bueno, podemos decir «¡Alabado sea el Señor!» Podemos comenzar nuestros servicios de iglesia con alguien dirigiendo a la congregación en una «oración de alabanza». Para aumentar el nivel del ruido podemos pararnos todos y unirnos al coro y al órgano cantando «Santo, Santo, Santo».

Distintas iglesias lo hacen de diversas maneras. Algunas dicen: «¡Vamos a aplaudir a Jesús!», y la respuesta es un aplauso retumbante, incluyendo algunos silbidos y vitoreos. Unos alaban con sus manos abajo, otros con sus manos arriba. Algunos tienen períodos extensos de cantos de adoración, utilizando coros contemporáneos. Otros cantan menos, utilizando himnos más tradicionales y procurando que los coros y los solistas realicen gran parte de los cantos de alabanza por ellos.

EL PODER DE LA ALABANZA

Independientemente de la forma, la alabanza agrada a Dios, nos acerca a Él (véase Sal 100.4) y libera gran poder espiritual (véanse 2 Cr 5.13,14; 20.21-27; Hch 16.25,26). Con frecuencia no reconocemos que la alabanza en sí misma puede ser una arma de guerra espiritual para debilitar la influencia de los poderes del mal y abrir el camino para que Dios sea glorificado.

Recuerdo a Mel Tari contando un incidente en el reavivamiento indonés de 1965-1970 cuando él y un equipo fueron llamados a servir en un funeral en Timor. Cuando llegaron, el cuerpo había estado expuesto por dos días; no había sido embalsamado y el olor a muerte era fuerte. Pero las personas en el funeral creían que Dios levantaría al hombre de entre los muertos y le pidieron a Mel Tari que orara.

En lugar de una oración de petición, Tari eligió una oración de alabanza. Hizo que el grupo formara un círculo alrededor del cadáver y cantara una canción de alabanza a Dios. Aunque no sucedió nada, ellos cantaron de nuevo. Cuando la cantaron por sexta vez, algunos dedos de los pies se comenzaron a mover. La séptima vez, el hombre abrió sus ojos. ¡Y la octava vez se paró y comenzó a caminar! Obviamente algo sucedió en los cielos para que ese hombre fuera un Lázaro moderno y venciera la muerte. En esa ocasión, el medio humano que utilizó Dios para manifestar Su gloria fue la alabanza.

UN ENCUENTRO DE PODER EN YAP

Un amigo mío, Sam Sasser, sirvió como misionero de las Asambleas de Dios entre las islas del sur del Pacífico. Cuando aterrizó en Yap (un grupo de islas pequeñas), se acercó al jefe y le pidió permiso para predicarle el evangelio a su pueblo. El inteligente jefe dijo que lo consideraría, pero primero Sam tenía que pasar algunas pruebas. Estas resultaron ser juegos de tipo atlético con los hombres de Yap, y a Sam le fue bien.

El jefe obviamente se impresionó, así que Sam preguntó si ya podía predicar. «Todavía no», dijo el jefe. «Hay otro juego más».

Los hombres formaron un enorme círculo y comenzaron a cantar y a aplaudir, obviamente invocando el poder de los principados de la tribu a los cuales habían estado sirviendo. En el momento indicado, dos muchachas entraron al círculo y comenzaron a bailar en el centro. Poco a poco, justo ante los ojos de Sam, ¡las muchachas comenzaron a levitar y pronto estaban bailando en el aire a unos tres metros del suelo!

Con una sonrisa burlona, el jefe le dijo a Sam Sasser: «Tu Dios, ¿puede hacer eso?»

Sam respondió: «Señor, mi Dios no está en el negocio de la levitación. Pero le diré lo que puede hacer: ¡puede hacer que se bajen!»

Comenzó el encuentro de poder. Los poderes de las tinieblas habían retado visible y abiertamente al poder de Jehová Dios.

Sam Sasser se colocó fuera del círculo, levantó sus manos al cielo y comenzó un flujo continuo de alabanza al Rey de reyes y Señor de señores. Las jóvenes se cayeron al suelo, una se lastimó un tobillo.

El sorprendido jefe se acercó a Sasser y dijo, «Ahora puedes predicar el evangelio. Queremos conocer más acerca de tu Dios».

Una vez más la alabanza abrió el camino.

Cuando Pablo y Silas estaban en la prisión en Filipo la situación parecía desesperanzada. Estaban en cepos y en la prisión interna para mayor seguridad. ¿Qué hicieron ellos? «Pero a medianoche, orando Pablo y Silas, cantaban himnos a Dios; y los presos los oían» (Hch 16.25) y lo estaban haciendo lo suficientemente fuerte como para que los otros prisioneros los escucharan. Vino un terremoto, fueron milagrosamente liberados y el carcelero y su familia se salvaron.

Como en Indonesia y Yap, la alabanza en Filipos liberó un poder sobrenatural poco común.

En resumen, es importante reconocer que la alabanza y la adoración son oración en sí mismos. Cindy Jacobs dice: «La adoración es intercesora. No tiene importancia si es una canción de alabanza actual o una de los años 1500, sino que tiene el poder de derribar las fortalezas de Satanás que están en corazones y mentes».[4]

ALABANZA EN LAS CALLES DE LA CIUDAD

Las marchas contemporáneas de alabanza nos ofrecen un vehículo para llevar nuestra alabanza, utilizando todo su poder espiritual, a las calles de la ciudad.

La Marcha por Jesús es un nombre nuevo, pero no es un concepto completamente nuevo. En el Antiguo Testamento, vemos a David dirigiendo una procesión de alabanza a Jerusalén (véase 2 S 6.12-17). En el Nuevo Testamento, la entrada triunfal de Jesús fue una procesión gozosa de alabanza también a Jerusalén (véase Mt 21.1-9).

Graham Kendrick, en su obra acerca del tema, *Public Praise* [Alabanza pública], cuenta cómo Aldhelm, el abad de Malmesbury, sacó el canto de alabanza a las calles de Wessex, Inglaterra, en el 675 d.C. John Huss salió a las calles de Checoslovaquia en el siglo XV. John Wesley, por supuesto, también predicó en los campos al aire libre. Pero quizás el prototipo histórico más fuerte viene del Ejército de Salvación en el siglo XIX, orquestas de metales se convirtieron en algo común en las calles de Inglaterra. Kendrick cuenta de una notable marcha del Ejército de Salvación en 1885, que «marchó a las casas del Parlamento con una petición dos millas de largo, con 343.000 firmas demandando que se detuviera el mercado de la prostitución infantil (el cual

---

4. Cindy Jacobs, *Conquistemos las puertas del enemigo*, Editorial Caribe, Miami, FL, 1994, p. 212.

era rampante en ese entonces) y que se subiera la edad de consentimiento de 13 a 16 años de edad. ¡Tuvieron éxito!»[5]

Más recientemente, el movimiento de «Evangelismo a Fondo» sostuvo once cruzadas nacionales de un año de duración a través de América Latina en los 1960, cada una con varias marchas de alabanza. La asociación evangelística de Luis Palau organiza marchas frecuentemente, dos de las más grandes fueron la de 700.000 en Ciudad de Guatemala y la de 400.000 en Ciudad de México. «Evangelismo de Cosecha», presidido por Edgardo Silvoso, organizó una marcha que atrajo 18.000 en Buenos Aires, Argentina, en 1991. Kendrick cuenta de otras en India bajo Bakht Singh y en China bajo Watchman Nee.[6]

CÓMO ENTENDER LA MARCHA POR JESÚS

Si decidimos llevar nuestra oración a la comunidad, y si uno de los vehículos que elegimos para esto es la Marcha por Jesús, debemos hacerlo con excelencia. Si ponemos a la esposa de Cristo en despliegue e invitamos al público general para vernos adorar a nuestro Señor y Maestro, debe hacerse con talento, dignidad, exuberancia, orden, ajuste cultural y clase. Entender completamente el cómo y el porqué de la Marcha por Jesús nos ayudará a alcanzar justamente eso.

Un prerrequisito fundamental para tomar una ciudad para Dios es la unidad sustancial del pueblo de Dios, comenzando con los pastores.

---

5. Graham Kendrick, *Public Praise*, Creation House, Altamonte Springs, Florida, 1992, p. 53.
6. *Ibid.*, pp. 54-58.

El propósito

El propósito de la Marcha por Jesús es llevar a todo el Cuerpo de Cristo a la alabanza pública a Dios en armonía.

> **Es mi opinión personal que la Marcha por Jesús tiene más potencial para llevar la unidad del Cuerpo de Cristo a través de las líneas denominacionales y a través de las razas que ningún otro diseño disponible hoy en día.**

Como lo he dicho muchas veces, un prerrequisito fundamental para tomar una ciudad para Dios es la unidad sustancial del pueblo de Dios, comenzando con los pastores. Los conciertos de oración y particularmente las cumbres de oración han tomado pasos significativos en esa dirección en muchas ciudades. La Marcha por Jesús no es un sustituto para ninguna de esas iniciativas, pero su sencillez sí la hace más inmediatamente disponible a todo el Cuerpo de Cristo, especialmente a familias completas incluyendo niños y jóvenes. Es mi opinión personal que la Marcha por Jesús tiene más potencial para llevar la unidad del Cuerpo de Cristo a través de las líneas denominacionales y a través de las razas que ningún otro diseño disponible hoy en día.

Cuando se analiza la influencia que pueden hacer las marchas de alabanza en una ciudad, es importante que recordemos que en un sentido la adoración se puede ver como un fin en sí mismo, no sólo como un medio hacia un fin. Graham Kendrick dice: «La adoración no es tanto una arma como el premio mismo de la batalla... el Padre está buscando adoradores sobre los cuales derramar Su afecto por la eternidad».[7] Si adoramos bien y no hacemos nada más, agradamos a Dios.

---
7. *Ibid.*, p. 60.

Podemos esperar que las marchas de alabanza ayuden a traer unidad al Cuerpo de Cristo. Podemos esperar que los establecimientos pornográficos y las actividades viciosas ilegales cierren así como pasó después de la marcha en Soho, Londres. Pero necesitamos profundizar más en eso. Las palabras de Graham Kendrick son extremadamente importantes para cualquiera que esté planificando organizar o participar en una Marcha por Jesús: «¿Qué logra todo esto? Mi respuesta es sencilla: el Señor recibe adoración. No sólo eso, sino que la humanidad y los ángeles lo ven recibir adoración. ¿Acaso no es eso un logro de gran significado en las calles de un pueblo o ciudad en donde normalmente no se le honra?»[8]

Los principios

Recientemente escuché a Roger Forster, uno de los fundadores de la Marcha por Jesús, mencionar 10 principios fundamentales de esa actividad, cada uno con matices teológicos. Estos parecen cubrir toda la gama, así que los nombraré aquí:

1. *La obediencia.* Estamos obedeciendo el deseo de Dios de que su pueblo haga conocer a las naciones su gloria y su majestad.

2. *La visibilidad de la iglesia.* La iglesia es percibida con demasiada frecuencia como algo irrelevante a la vida de la comunidad en general.

3. *La unidad del Espíritu.* La iglesia es percibida como un pueblo a pesar de las diferencias en doctrinas secundarias, prácticas y estilos que de otra manera mantienen separados a los grupos cristianos. John Dawson dice: «Somos una nación que ha traído reproche al nombre del Señor a través de la contienda y la división en el Cuerpo de Cristo. No hay forma más rápida de vencer eso que mediante la

---

8. *Ibid.*, p. 19.

representación gráfica de miles de creyentes marchando juntos, físicamente, uno al lado del otro».[9]

4. La confesión, el arrepentimiento y la reconciliación. El arrepentimiento poderoso y el conmovedor arrepentimiento público es parte característica de la reunión pública de oración luego de una marcha.

5. La proclamación. Esto se hace en alta voz y al unísono.

6. La celebración. La atmósfera festiva de una marcha produce gran júbilo.

7. El simbolismo profético. Los hechos simbólicos públicos de muchas clases son característicos de los líderes del Antiguo Testamento como Moisés, Josué y los profetas. La marcha pública de alabanza es un ejemplo contemporáneo.

8. El reclamo del terreno. La palabra de Dios a Josué fue: «Yo os he entregado, como lo había dicho a Moisés, todo lugar que pisare la planta de vuestro pie» (Jos 1.3). Forster dice: «¿Por qué el enemigo ha de tener este terreno? ¿Por qué debe gobernar en nuestras calles y controlar nuestra economía? Nosotros ponemos nuestros pies sobre un pedazo de territorio y decimos: "Señor, este es Tú terreno..."»[10]

9. La valentía. Aunque la Marcha por Jesús no es para tímidos, tampoco admite solamente a los que tienen un corazón de león. A través de la misma, los cristianos comunes y corrientes pueden llegar a ser valientes por Cristo.

10. Testigos en el dominio celestial. Las batallas en la guerra espiritual que hacen falta para tomar una ciudad para Dios se ganan a través de marchas.

El método

El apoyo logístico para la Marcha por Jesús está emplazada. La oficina de Londres, Inglaterra, bajo Graham Kendrick y

---

9. Robison y Archer, «Praise Him in the Streets», p. 26.
10. Kendrick, *Public Praise*, pp. 20-22.

sus colegas, dirige los asuntos internacionales. Ellos son apoyados de forma muy fuerte por la oficina de los EE.UU. en Austin, Texas, bajo Tom y Theresa Pelton. Otras naciones están desarrollando sus propias oficinas nacionales.

Cada ciudad que desea una Marcha por Jesús debe ponerse en contacto con una de estas oficinas:

Fuera de los EE.UU.:
Marcha por Jesús,
P.O. Box 39,
Sunbury-on-Thames,
Middlesex, TW16 6PP,
Inglaterra

En los EE.UU.:
Marcha por Jesús,
P.O. Box 3216,
Austin, TX 78764,
U.S.A.

Estas oficinas están preparadas para suplir las instrucciones necesarias para organizar una marcha a partir de poco o nada.

Las marchas requieren una base de liderazgo cristiano tan amplia como sea posible a nivel de la ciudad. Se necesita planificación cuidadosa para el punto de partida y la meta, con la aprobación y los permisos apropiados del municipio. Es necesaria una camioneta equipada con un sistema de sonido externo por cada 200 ó 300 personas que marchen. Es imprescindible explicar bien las cosas que pueden y no pueden hacerse en la marcha. Hay camisetas y cancioneros disponibles.

Música para las calles

Durante la marcha, todos los participantes van cantando, hablando y gritando las mismas cosas al mismo tiempo. Las canciones y la liturgia para el mundo de habla inglesa son nuevas todos los años escritas por Graham Kendrick y publicadas por Make Way Music.

El tipo de música de alabanza apropiado para las calles es distinto al de la música de alabanza y adoración contemporánea escrita para las reuniones de iglesia. Los coros de alabanza y adoración que han llegado a ser tan populares hoy fueron escritos en su mayoría en conexión con el movimiento de renovación carismática comenzando en los 1960. Cuando estos coros salieron por vez primera eran radicales tanto en su estilo musical como en su contenido, lo cual apelaba particularmente a la generación posterior a la Segunda Guerra Mundial que fue criada con la música rock. Los coros fueron escritos como «canciones de amor a Jesús» y se ocupaban de los beneficios sanadores que podía traer Jesús a personas dolientes que se le acercaban en adoración. El empuje primordial de esta música de adoración era levantar el nivel de espiritualidad de los que ya eran cristianos. Muy poco de esto fue dirigido a la comunidad fuera de la iglesia o las personas perdidas allá afuera.

Graham Kendrick hizo surgir una clase diferente de música contemporánea de alabanza, compuesta de modo específico con las marchas de alabanza en mente. Él dice: «Muchas de las canciones que entonamos adentro no son apropiadas afuera, tanto en estilo como en contenido».[11]

«Shine, Jesus Shine» [Brilla, Jesús brilla] es la más conocida y es algo así como una canción tema de las Marchas por Jesús. Esta música nueva, quizás más que nada, tiene el potencial de cambiar la renovación carismática, que ha sido mayormente introspectiva, a una firme fuerza evangelística para el Reino de Dios en estos días. Una canción como: «Vamos a tomar esta ciudad, vamos a luchar por la fe, porque su reino se extiende a las fronteras de esta ciudad» mira hacia arriba y hacia afuera, mientras que «Yo te amo, Señor, y levantó mi voz para adorarte» mira hacia arriba y hacia dentro.

Hay cierto sentir hoy que la clase de canciones de adoración introspectiva y de amor a Jesús están en peligro de exagerarse en algunos círculos. Un líder cristiano, que enfatiza la adoración en su iglesia, se preocupó cuando sintió que el Espíritu Santo le estaba diciendo: «¡El mundo se está muriendo sin Jesús, y todo lo que la iglesia está haciendo es cantar cantos!» Quizás las Marchas por Jesús y la nueva himnología que ellos están produciendo ayudará

---

11. *Ibid.*, pp. 24, 25.

a equilibrar las cosas y permitir que el pueblo de Dios derribe algunas murallas entre la iglesia y la comunidad.

El enfoque
Es obvio que la actual creciente popularidad de las marchas de alabanza puede ser utilizada por grupos con intereses especiales para promover sus causas. Los cristianos que están verdaderamente comprometidos a tomar sus ciudades y naciones para Cristo deben resistir esto fuertemente. Graham Kendrick de manera correcta dice que ese uso podría ser un «beso mortal» para la Marcha por Jesús. En base a su experiencia bosqueja cuidadosamente nueve cosas que *no* son la Marcha por Jesús:

1. No son protestas.
2. No se hacen alrededor de asuntos, sino alrededor de una Persona.
3. No son críticas ni careos.
4. No son una pirueta publicitaria.
5. No son una campaña evangelística.
6. No se presentan como un método de guerra espiritual.
7. No son un ritual.
8. No son triunfalistas.
9. No se concentran en personalidades.[12]

Como se ha dicho, el enfoque de la marcha, primordial y principalmente, debe ser una declaración pública de los cristianos de todos los rangos de que Jesucristo es exaltado y de que es el verdadero Rey de reyes y Señor de señores sobre la ciudad.

El resultado
La Marcha por Jesús produce un cambio en la atmósfera espiritual de la ciudad.

---

12. Kendrick, *Public Praise*, pp. 20-22.

Esta es una declaración tan atrevida que requiere calificación inmediata. Por un lado, debido a que aquí estamos lidiando con el efecto de una marcha visible acerca del mundo invisible, nos hemos separado de la posibilidad de medidas totalmente objetivas. Pero ese es el caso con toda oración, como señalé anteriormente en el libro. Sólo nuestra fe en Dios y la obediencia a su Palabra nos pueden asegurar que se guardan sus promesas en cuanto a la oración que ha recibido respuesta. Cuando vemos cambios tangibles en la propagación de la justicia y el derecho en nuestra comunidad y la cantidad de personas pérdidas que vienen a Cristo, nuestra confianza aumenta.

La segunda calificación tiene que ver con el grado. Ha habido cambio en el mundo invisible, pero ¿cuánto? Una trampa en la cual muchos líderes cristianos inocentes pueden caer es sospechar que al tener 1, 2 ó 10 Marchas por Jesús los espíritus territoriales sobre una ciudad serán arrancados, atados y despachados. Esta clase de tontería es lo que motiva a Graham Kendrick a decir: «No me suscribo al punto de vista de que la meta de una marcha de alabanza es sacarle la influencia demoníaca a un pueblo o a una institución. Una marcha no es una cura total para todos los males en un pueblo, tampoco es un sustituto para el testimonio diario y la acción social».[13] Por esta razón también dice, como acabamos de ver, que «las marchas no se presentan como método de guerra espiritual».

Con esto no queremos decir que la guerra espiritual no es uno de los resultados de una Marcha por Jesús. Kendrick dice: «Unirse en un espíritu de unidad es en sí mismo un acto poderoso de guerra espiritual. Le declara a los poderes de las tinieblas que ellos están desarmados y malditos porque en Cristo estamos reconciliados y somos unidos en amor al pie de la cruz».[14]

Las marchas de alabanza no deben percibirse como contextos para los tipos de confrontación directa con los

---

13. Jones, «Graham Kendrick», p. 51.
14. Kendrick, *Public Praise*, p. 103.

principados, poderes y las fortalezas que algunos viajes de oración, que habré de describir luego, hacen. Hay un lugar y un momento para ellos también, pero la Marcha por Jesús no es el momento ni el lugar.

Las Marchas por Jesús son una clase de demostración a los poderes en los lugares celestiales en la que toda la familia puede participar. Otras formas de guerra espiritual son definitivamente sólo para adultos.

En todo caso, cuando participamos en una Marcha por Jesús, ayudamos a cumplir el deseo de Dios de que «la multiforme sabiduría de Dios sea ahora dada a conocer por medio de la iglesia a los principados y potestades en los lugares celestiales» (Ef 3.10).

—Preguntas de reflexión—

1. ¿Ha participado usted en alguna Marcha por Jesús? De ser así, describa sus sentimientos. Si no, ¿suena esto como algo que podría implementarse en su ciudad?
2. Si la Marcha por Jesús en Nürnberg tuvo alguna influencia en el cambio de actitud de los cristianos alemanes, ¿qué explicación teológica podría ofrecer? ¿Qué pudo haber sucedido en el mundo invisible?
3. Hable acerca del concepto de que la alabanza es una forma de oración. ¿Puede ofrecer otros ejemplos del poder tangible de la alabanza?
4. ¿Qué quiere decir Graham Kendrick cuando dice: «La adoración no es tanto una arma sino el premio mismo de la batalla?»
5. Repase y discuta la lista de nueve cosas que *no* son una Marcha por Jesús. A la misma vez, ¿puede encontrar un sentido *positivo* para cada uno de los asuntos?

CAPÍTULO OCHO

Caminatas en oración

LAS MARCHAS DE ORACIÓN SE CONCENTRAN primordialmente en la ciudad. Las caminatas en oración se enfocan sobre todo a los vecindarios. Ambas ayudan a derrumbar las murallas entre la iglesia y la comunidad.

CÓMO MOVERSE A LAS CALLES

Andrés Miranda es pastor de una pequeña Iglesia de Dios en Montevideo, Uruguay, y también es corresponsal del diario nacional cristiano *El Puente*.

Fue llamado a ser pastor de una iglesia que tenía 25 años y estaba estancada. La iglesia tenía 25 miembros cuando aceptó el llamado.

Miranda trabajó duro durante el primer año y la iglesia creció hasta 80. Aunque vio algún crecimiento rápido, muy adentro también sabía que las personas no estaban siendo alimentadas con la sólida enseñanza bíblica que necesitaban. Mirando atrás, admitió que estaba edificando a la iglesia, de forma excesiva, sobre sus ambiciones personales en lugar de basarse en seguros principios de crecimiento. Comenzó a orar acerca de ello, buscando profundamente y manteniéndose abierto para escuchar a Dios.

Dios le habló a Andrés Miranda. Le dijo que debía sacar a su pueblo de las murallas de la iglesia para orar en su comunidad. Sintió que no debían hacerlo como rutina de la iglesia, sino al menos una vez. Jamás lo habían hecho anteriormente.

Decidió salir a las calles un domingo como parte de su servicio regular. Comenzaron en el auditorio de la iglesia y se dividieron en cuatro grupos, lo que ahora llamamos caminatas en oración. Cada grupo salió a una de las cuatro esquinas de una intersección cercana y oraron de forma ferviente por su ciudad y su vecindario. En una de las esquinas estaba el templo local espiritista Macumba, que había venido unos años atrás a Uruguay del vecino Brasil. No destacaron al templo para la guerra espiritual señalada, pero oraron para que el poder de Dios y su gloria llegaran a su vecindario.

Luego de orar por un tiempo, cada grupo comenzó a bajar por una de las cuatro calles por espacio de una cuadra, orando por el pueblo, las familias y los negocios a medida que caminaban. Entonces se reagruparon y continuaron con su vida común y corriente.

Un retroceso y una limpieza

Sucedieron dos cosas extrañas.

Primero, el templo Macumba, que había estado funcionando en la esquina por años, cerró sin razón evidente alguna. Debido a que los cristianos no estaban en contacto con los espiritistas, jamás descubrieron exactamente por qué cerraron. Luego averiguaron que las personas que lo dirigían habían abierto un templo nuevo casi a 161 kilómetros de distancia. De cualquier forma, el vecindario por el cual oraron ya no era un centro Macumba.

Segundo, un retroceso espiritual afectó a la iglesia. De vez en cuando comenzaron a manifestarse espíritus inmundos en la congregación. El pastor Miranda se levantó, los reprendió y los sacó, pero algunos deben haberse quedado porque la iglesia entró en un período de disensión y confusión. Los miembros de la iglesia comenzaron a marcharse; casi todos los 80 miembros decidieron irse a otra parte.

Al principio Miranda se desanimó y se descorazonó. Pero a medida que continuó el éxodo cada vez se le hizo más claro que la iglesia había estado abrigando serios problemas espirituales de los cuales él no había estado consciente. Algunos de ellos habían estado creciendo por 25 años, finalmente fueron descubiertos y tratados de forma abierta. La congregación se redujo a prácticamente nada, pero para ese entonces Miranda se percató de que estaba testificando una limpieza total, más necesaria en su iglesia de lo que pudo imaginarse.

Entonces comenzó a llegar la bendición. Unos pocos meses después, lo último que supe, la congregación había crecido a 50, pero ahora 80% de los miembros son nuevos convertidos, algo que jamás había sucedido antes. Y algo más alentador, muchos de ellos son de la misma cuadra en donde la iglesia está localizada. Ellos han provisto una clínica médica para el pueblo, un centro de cuidado diurno y están ofreciendo desayunos gratis para niños pobres. Lo que el enemigo quiso para mal, Dios lo convirtió en bien. Ahora creen de forma firme que toda la cuadra será cristiana dentro de poco.

¿Y el cambio? Provino de una sencilla caminata en oración luego de que la Iglesia de Dios decidiera derrumbar la muralla entre la iglesia y la comunidad.

Los principios de las caminatas en oración

Steve Hawthorne, quien, juntamente con Graham Kendrick, está en el proceso de escribir un libro acerca del tema, define las caminatas en oración como *orar en el lugar donde queremos la victoria*. «Esta es oración intercesora», dice Hawthorne, «orando en el mismo lugar en donde usted espera ver contestadas sus oraciones».[1]

La idea de orar en *el lugar* lleva a los que oran a la comunidad. Ayuda a implementar un versículo tema para los 1990: «Yo os he entregado, como lo había dicho a Moisés, todo lugar que pisare la planta de vuestro pie» (Jos 1.3). La idea de caminar nos lleva al contacto más cercano con los miembros de la comunidad por los cuales estamos orando. Por supuesto, la caminata no tiene que ser movimiento continuo. Una vez que caminemos en nuestra comunidad podemos pararnos, sentarnos o recostarnos en la grama mientras oramos. Hawthorne dice: «No sólo son sus pies; el resto de su persona está allí: cuerpo, alma, mente, y espíritu. Su espíritu también puede funcionar con plena fortaleza, a donde elija llevar su cuerpo».[2]

Orar con *visión de la victoria* nos llama la atención a una de las innovaciones más recientes y prometedoras del movimiento de oración: la cartografía espiritual. El tercer libro en esta serie *Guerrero en oración: La destrucción de fortalezas en su ciudad*, es acerca de ese tema. Estamos aprendiendo que cuando intercedemos por una ciudad o un vecindario las oraciones con visión pueden ser más efectivas que las imprecisas y desorganizadas.

La visión puede venir de la investigación de los aspectos históricos y físicos de una ciudad o un vecindario, y también de la sencilla observación de lo que se descubre mientras se camina. Añada a esto el discernimiento espiritual y el escuchar directamente de parte de Dios en cuanto a lo que necesita oración, y los caminantes de oración

---

1. Steve Hawthorne, «Prayerwalking», *Body Life*, diciembre de 1992, p. 1.
2. *Ibid.*, p. 6.

pueden comenzar a orar con un grado considerable de precisión.

La cartografía espiritual en sí no hace falta de manera particular como preparación para una Marcha por Jesús excepto para determinar de forma inteligente la ruta de la parada, particularmente el punto de partida y el de llegada. Pero debido a que una marcha de alabanza casi nunca está diseñada para la guerra espiritual abierta y declarada, la cartografía es una prioridad menor. Esta llega a ser útil para las caminatas en oración más avanzadas, aunque no debe considerarse de manera alguna como prerrequisito para comenzar las caminatas. Más tarde en este capítulo explicaré cómo John Huffman ha desarrollado una manera simplificada de cartografía específica para caminatas en oración.

Cuando avancemos a las expediciones de oración y a los viajes de oración, la cartografía espiritual llegará a ser parte vital del proceso que discutiré más en los capítulos 9 y 10.

¿QUIÉNES FUERON LOS PRIMEROS CAMINANTES EN ORACIÓN?

Hace tiempo cuando caminar era la principal forma de transportación de un lugar a otro, muchos cristianos deben haber orado mientras iban de una ciudad a otra. Graham Kendrick y John Houghton hallaron una referencia a las caminatas en oración en *El Pastor* de Hermas en el 180 d.C.: «Mientras camino solo, le ruego al Señor que cumple las revelaciones y las visiones que me mostró mediante su Santa Iglesia, para que me pueda fortalecer y le brinde arrepentimiento a sus siervos que han tropezado, para que pueda glorificarse su grande y glorioso nombre».[3]

---

3. Graham Kendrick y John Houghton, *Prayerwalking*, Kingsway Publications, Eastbourne, Inglaterra, 1990, p. 24.

Algo bueno acerca de las caminatas en oración es que cualquiera puede hacerlo. Pueden ser cristianos sencillos, comunes y corrientes que aman al Señor y que creen que Dios está llamando a su pueblo en estos días no sólo a orar por su comunidad, sino orar *en* su comunidad.

También se pueden hallar indicaciones adicionales de personajes tan reconocidos como San Patricio, Juan Wycliffe, George Fox y otros realizaron serias caminatas en oración.

La extensa investigación de Steve Hawthorne acerca del movimiento moderno de caminatas en oración no ha descubierto una persona o un evento que las iniciara. Halló cientos de ejemplos de caminatas en oración que no tenían relación alguna entre sí. Ha habido poca coordinación en relación con ellas a nivel nacional o local. Empero, Hawthorne dice: «Todavía no he podido encontrar un verdadero esfuerzo de caminatas en oración antes de mediados de los setenta».[4] Sin embargo, desde ese entonces las actividades de caminatas en oración han crecido inmensamente en muchas partes del mundo.

GUERRA ESPIRITUAL INICIAL

Algo bueno acerca de las caminatas en oración es que, como la Marcha por Jesús, cualquiera puede hacerlo. Los caminantes en oración no tienen que ser graduados de escuela bíblica, ministros ordenados, mayores de 18, intercesores dotados, elocuentes conferencistas, gigantes espirituales o particularmente valientes. Pueden ser cristianos sencillos,

---

4. Hawthorne, «Prayerwalking», p. 1.

comunes y corrientes que aman al Señor y que creen que Dios está llamando actualmente a su pueblo no sólo a orar por su comunidad, sino *en* su comunidad. Y tienen que comprometerse lo suficiente con este ministerio como para apartar tiempo en sus itinerarios normales para caminatas en oración.

A diferencia de las Marchas por Jesús, las caminatas en oración no tienen que ser sumamente organizadas o coordinadas. No son necesarios permisos de parte de la alcaldía de la ciudad. Ni entrenamiento especial, aunque con uno bueno este ministerio puede avanzar a una etapa más avanzada y llegar a ser más efectivo.

Hablando desde el punto de vista esiritual, las caminatas en oración son relativamente seguras. Aunque es una forma abierta de guerra espiritual, los peligros no son tan grandes como otros compromisos espirituales, sobretodo si se siguen las guías de sentido común en este capítulo. Steve Hawthorne dice: «No he tenido reportes de bajas en las caminatas en oración, si se hace de forma sabia. Hasta que punto las caminatas en oración en su ciudad son guerra espiritual, parece ser una operación de guerra básica, no la clase de cosa por la cual se obtiene el premio Corazón Púrpura».[5]

LOS DISTINTOS TIPOS DE CAMINATAS EN ORACIÓN

Es obvio, ya que se conducen cientos de caminatas en oración en muchas partes de nuestra nación y del mundo, que han surgido muchas variedades de ellas. Debido a que una de nuestras responsabilidades en el Curso de Oración Unida del Movimiento 2000 A.D. es coordinar actividades mundiales de oración hasta donde sea posible, hemos trabajado duro para intentar definir ciertos términos. Los cuatro términos técnicos en los cuales ya hemos concordado son:

---

5. *Ibid.*, p. 6.

(1) marchas de alabanza; (2) caminatas en oración; (3) expediciones de oración; y (4) viajes de oración. La comunicación dentro del Cuerpo de Cristo se facilitará en la medida que tengamos consenso en cuanto al significado de estos términos.

En el pasado, algunos han utilizado «caminatas en oración» como un término colectivo. Otros han llamado a casi cualquier ministerio de oración en la comunidad «caminatas en oración». Los principales líderes de oración reconocen esto y ahora estamos tratando de no utilizar el término «caminatas en oración» para describir, por ejemplo, lo que acordamos puede llamarse mejor «expedición de oración» o un «viaje de oración», aunque los términos indudablemente se entrecruzan y algunos pueden utilizarlo de manera intercambiable.

La principal clase de caminatas en oración que explicaré en este capítulo es orar por vecindarios, particularmente el de uno. Sin embargo, con esto no quiero implicar que otras formas de caminatas en oración no son legítimas. No hay, jamás debe haber, una manera oficialmente acreditada de caminatas en oración. Dios es un Dios de gran variedad, y Él se deleita en dirigir a Sus hijos de formas diferentes. La regla principal es seguir lo que el Espíritu esté diciendo.

He aquí algunos ejemplos de la manera en que se están realizando las caminatas en oración en la actualidad:

- Jorge Plourde es el director nacional de oración para la Confederación Evangélica de la República Dominicana. Como parte de su actividad interdenominacional de oración, ellos oran por los parques públicos de la ciudad capital de Santo Domingo. El tercer sábado de cada mes, equipos de intercesores van a cada uno de los parques a orar por tres horas, desde las 2:00 p.m. a las 5:00 p.m. Concluyen cada sesión haciendo oración de guerra a medida que caminan alrededor del perímetro de cada parque.

- La ciudad capital de Santo Domingo también está cubierta mediante oraciones en las esquinas de las calles. Un equipo de 400 intercesores se reúnen de forma periódica y entonces se dividen en 40 grupos de 10. Ellos oran por una hora en las 4 esquinas de 10 intercesiones consecutivas yendo arriba y abajo en una calle en particular. Entonces al final de la hora todos caminan 1 cuadra en la misma dirección y cubren las siguientes 10 intersecciones por otra hora.
- El pastor Steven Bunkoff de la Iglesia Congregacional en Savannah, Nueva York, decidió visitar cada casa en el pueblo. Pero no distribuyeron literatura ni tocaron en las puertas. Todo lo que hicieron fue orar por cada casa y sus residentes. Un enorme mapa en el santuario describía su progreso, y el proyecto tomó 25 semanas. El pastor reporta: «Las personas comenzaron a visitar a nuestra iglesia, y no hubo explicación «natural»: aparte de que oramos. Un domingo cuatro familias de una calle vinieron luego de orar por ellos durante una semana».
- Cuatro estudiantes universitarios hacen una caminata diaria en oración por sus dormitorios y oran por sus compañeros de estudio.
- Los padres caminan en oración alrededor de las escuelas de sus niños.
- Una iglesia decide sacar toda la Escuela Dominical fuera de la iglesia un domingo por la mañana y dirigir a las personas en una caminata en oración por las calles que la rodean.
- Una enfermera cristiana utiliza los recesos para el café para caminar los corredores del hospital, orando por los pacientes y el personal.

CAMINATAS EN ORACIÓN EN EL VECINDARIO

Una razón principal para hacer del vecindario un enfoque primario para las caminatas en oración es el concepto territorial bíblico. Se presume que los que residen en una área pueden ejercitar mayor autoridad espiritual que los extraños a ella. Esto incluye las naciones, ciudades, industrias, grupos de personas y otras redes humanas así como a los vecindarios.

Doris y yo hemos servido en guerra espiritual a nivel estratégico internacional con Cindy Jacobs de los Generales de Intercesión. Ella es muy solicitada como consultora para las iniciativas de guerra espiritual en muchas ciudades y países. A dondequiera que va, tiene el cuidado de explicarles a los líderes locales la relación entre la autoridad y la territorialidad. No les permite imaginarse que ella, como forastera, ha venido a realizar la intercesión a nivel estratégico que requiera la situación.

Recientemente estuvimos con Cindy en Brasilia, Brasil, en donde dirigió un grupo de 105 intercesores brasileños experimentados en oración en sitio por la nación. Aunque Cindy dirigió bastante, no oró ya que no tenía autoridad territorial. Entonces los brasileños oraron.

Sin embargo, los forasteros pueden ir a un territorio que no sea el suyo para orar. Como veremos en los siguientes capítulos, son ellos quienes realizan la mayoría de las expediciones y los viajes de oración. Empero, en tales casos se aconseja la guía clara de Dios. En contraste, las caminatas en oración en nuestro vecindario pueden surgir de la resolución, no necesariamente de la revelación. Lo mismo aplica a los miembros de una iglesia que caminan en oración en el vecindario de una iglesia ya sea que vivan allí o no.

EL TERRITORIALISMO BÍBLICO

La idea de la autoridad territorial comienza con Adán y Eva en el jardín del Edén. El jardín que Dios les dio para que cuidaran obviamente estaba dentro de ciertas fronteras geográficas. Esto se hace más claro después de la Caída cuando Dios sacó a Adán «del huerto del Edén, para que labrase la tierra de que fue tomado» y colocó un querubín para protegerlo para que Adán no pudiera volver a entrar (véase Gn 3.23,24).

El apóstol Pablo sugirió que su autoridad tenía límites territoriales cuando le escribió a los corintios que limitaría su jactancia «porque no saldré de los límites que me fijó Dios» (2 Co 10.13, LBL). Luego, escribió: «Y llevaremos el evangelio más allá de ustedes sin entrar en el campo de otros ni presentarnos muy creídos donde el trabajo ya está hecho» (2 Co 10.16, LBL).

Dios le prometió a su pueblo que si se humillaban, oraban, buscaban su rostro y se convertían de sus malos caminos, los escucharía, les perdonaría su pecado y *«sanaré su tierra»* (2 Cr 7.14, énfasis mío). Él no dijo que sanaría la tierra de los egipcios o la de los chinos o la de los aztecas, sino más bien la porción de su geografía. Esta era la tierra sobre la cual el pueblo de Dios tenía autoridad intrínseca.

Cuando el pueblo de Dios fue enviado al exilio en Babilonia, el hecho de vivir allí les dio una medida de autoridad. «Y procurad la paz de la ciudad a la cual os hice transportar, y rogad por ella a Jehová; porque en su paz tendréis vosotros paz» (Jer 29.7). Esto nos ayuda a comprender que no sólo tenemos autoridad en los vecindarios en donde podríamos tener propiedades, sino también en donde alquilemos un apartamento o un cuarto o enseñemos en una escuela o pastoreamos una iglesia o en donde otro medio legal establece el territorialismo.

Las valijas desempacadas de Beckett

Mi amigo Bob Beckett, un líder en el campo de la cartografía espiritual, confiesa que se frustró y se descorazonó con la manera en la que su ministerio iba en su iglesia y en su comunidad hasta que el Señor lo impresionó de forma fuerte a él y a Susan, su esposa, en cuanto a la necesidad de que el pastor se comprometa territorialmente para el ministerio.

Beckett dijo que si su ciudad habría de experimentar en alguna ocasión una liberación significativa de los principados de las tinieblas sobre ella: «Alguien como yo tenía que empezar por desempacar las maletas y dejar a un lado el sueño de un ministerio más emocionante en el futuro. Debían unirse en esto pastores, líderes laicos e iglesias completas, ¡tomando responsabilidad de largo alcance por la tierra en que vivíamos!»[6]

Cuando Bob y Susan anunciaron que se quedarían en su ciudad de Hemet, California, y compraron parcelas en el cementerio para ayudar a sellar el compromiso territorial, la comunidad comenzó a cambiar y su iglesia comenzó a crecer.

Como cristianos estadounidenses en una sociedad móvil, podría ser que no tomemos el concepto territorial bíblico tan seriamente como podríamos. Mientras más entendamos esto, más poderoso podría ser nuestro ministerio a nuestros vecindarios inmediatos. Creo que en estos días Dios desea levantar un genuino ejército de cristianos que viven en vecindarios sencillos para que tomen su territorio con seriedad. El principal costo de servirle a un vecindario mediante las caminatas en oración es el tiempo. Por lo tanto, los creyentes que están dispuestos a invertir el tiempo se colocarán en la avanzada de una de las cosas excitantes que Dios está haciendo en los 1990.

Veo dos maneras generales de caminar en oración en los vecindarios. Una es espontánea y la otra es sincronizada. Vamos a verlas una a la vez.

---

[6]. Bob Beckett, «Pasos prácticos para la liberación de la comunidad espiritual», *La destrucción de fortalezas en su ciudad*, C. Peter Wagner, editor, Editorial Betania, Miami, Fl., 1995, p. 166.

LAS CAMINATAS EN ORACIÓN ESPONTÁNEAS

Una iglesia, una familia, una célula hogareña o cualquier círculo de cristianos pueden recibir por sí mismos una carga para orar por su vecindario. Ya sea que otros en la ciudad o en el vecindario también lo estén haciendo afecta poco a esta clase de caminata en oración espontánea.

Brian Gregory, un ministro anglicano en Platt Bridge, Wigan, Inglaterra, sintió que Dios deseaba que su pueblo caminara en oración las noventa calles dentro de la frontera de su parroquia. Así que las codificó y le pidió a su congregación que orara alfabéticamente por dos de ellas cada semana. El lunes, los equipos van a cada casa, en las dos calles, y distribuyen una hoja que muestra una imagen de Jesús y una noticia de que se está orando por ellos esa semana. Cada miércoles por la mañana, a las 8:00 a.m. un equipo de caminatas en oración avanza por las 2 calles en intercesión por el pueblo que allí se encuentra.

Luego, distribuyen otra hoja invitando a las personas a someter sus peticiones de oración o a invitar al equipo a sus hogares para la oración. Luego de hacer esto por cuatro años, Gregory reporta: «Caminar en oración ha llegado a ser una característica integral de la vida de la comunidad como el policía, y se ha destacado en la prensa local». ¿Y el resultado? «La tasa de criminalidad ha bajado, la atmósfera espiritual ha mejorado y se han reemplazado los edificios apáticos... Han mejorado las relaciones entre los ministros y las iglesias locales. Y muchas personas se están uniendo a la iglesia».[7]

Queso, miel y oración

Un estudiante mío, oriundo de Puerto Rico, plantó una iglesia latina en el este de Los Ángeles mientras cursaba estudios de posgrado. Un día me dijo que el gobierno estaba

---

7. Kendrick y Houghton, *Prayerwalking*, p. 35.

distribuyendo queso y miel gratis a los residentes del área y que su iglesia había sido seleccionada como centro de distribución. Sólo necesitaba proveer personal voluntario. Como requisito para recibir la comida, cada residente tenía que llenar un formulario incluyendo su nombre y su dirección y completar una lista de todos aquellos que vivían en su casa. Mi estudiante dijo: «¿Qué debo hacer con esos nombres?»

Le pregunté cómo había funcionado el tradicional testimonio de puerta en puerta, y él replicó que muy pobre. Esa era la respuesta que esperaba, así que dije: «¿Por qué no tratamos algo diferente? ¿Por qué no apelar a la oración?»

Le sugerí que le pidiera a todos los que estaban dispuestos a participar en este esfuerzo que se reunieran una hora temprano para la reunión semanal vespertina de oración los miércoles y que llegaran a las 6:30. Habrían de dividirse en equipos de tres y se les daría un cierto número de los formularios que se llenaron. Cada equipo visitaría unas cuantas de esas familias, diciéndoles que ellos eran de la iglesia que les dio la miel y el queso, y que en poco tiempo habrían de reunirse para orar, pidiéndoles temas por los cuales les gustaría que la iglesia orara. Cada equipo llevaría una libreta de notas para registrar las peticiones de oración. La semana siguiente visitarían de nuevo, para ver si se respondieron las oraciones y para tomar más peticiones.

Iban a mantener la actitud mental de que esta no era una visita evangelística. No invitarían a las familias a venir a la iglesia. Simplemente iban a ofrecer oración.

Esto dio tan buenos resultados que el pastor estaba emocionado. ¡La iglesia adquirió una imagen muy positiva en la comunidad y en seis meses había crecido tanto que tuvieron que buscar un nuevo local!

Cómo comenzar

Las posibilidades son infinitas. Ya algunos podrían estar diciendo: «Esto es algo que me gustaría intentar. ¿Cómo puedo comenzar?» He aquí algunas sugerencias:

- Dígale a su pastor que usted siente que deben comenzar a orar en su vecindario y pídale su bendición y que ore por usted antes de hacerlo. Pocos pastores rechazarían esa petición. Esto es mucho más importante de lo que algunos podrían pensar, porque cuando su pastor ora por usted, usted recibe autoridad espiritual imputada que de otra manera no tendría. Ésta puede ser una fuente invalorable de protección espiritual contra los posibles ataques del enemigo.
- Forme un equipo. Visite otros cristianos en su vecindario para ver si Dios puede estar llamando a cualquiera de ellos para caminar en oración con usted. Procure un mínimo de tres y un máximo de seis. El Plan *A* debe ser reclutar a creyentes de otras iglesias que no sean la suya. Mientras más representado esté el Cuerpo de Cristo, mejor. El Plan *B* es un equipo compuesto de los de su propia iglesia.
- Establezca un itinerario, comenzando con una caminata en oración a la semana. Pasen 15 minutos juntos en preparación, entonces vaya al vecindario de 30 a 45 minutos. Reúnanse en un grupo en una intersección y oren uno por uno por las cuatro cuadras que allí convergen. Oren con sus ojos abiertos por lo que observan y también por lo que Dios podría estarles mostrando en su espíritu. Cuando terminen, elijan una de las calles y caminen lentamente por un lado de la cuadra y luego por la otra, orando mientras camina.

La semana próxima podría comenzar en una intersección diferente, pero no se esparzan demasiado. A medida que pasen las semanas, su equipo de oración debe ser familiar al vecindario y algunos podrían comenzar a preguntarles qué es lo que están haciendo. Dígales, y ofrézcales orar de manera específica por ellos o por su familia en ese mismo momento. Si le invitan a orar dentro de su hogar, haga una cita y regrese en otra ocasión.

Siga estas instrucciones para comenzar, entonces a medida que adquiera experiencia haga cualquier cantidad de variaciones, que usted crea que Dios le está indicando, en cuanto a la frecuencia, el tiempo y la metodología. Permita que su imaginación le controle.

La guerra espiritual
No olvide que aunque las caminatas en oración en los vecindarios no son algo especialmente peligroso, es una forma

---
> **Caminar en oración[...] no es un sustituto para el incesante evangelismo y el ministerio social. Pero puede ayudar mucho a abrir el camino espiritual para que sucedan otras cosas.**
---

de guerra espiritual. Asegúrese de que cada semana esté en la debida condición espiritual para hacerlo. Cindy Jacobs tiene algunos consejos excelentes: «Antes de iniciar tu caminata de oración es importante que te vistas espiritualmente para la batalla de la misma manera que te vestirías apropiadamente para otras ocasiones. Deténte y ora antes de salir por la puerta y vístete con la armadura de Dios. Pide protección para ti mismo, tu hogar y tu familia, de acuerdo con el Salmo 91».[8]

John Dawson, que vive en una parte deprimente de Los Ángeles, cuenta acerca de cómo se llevó a su personal para una caminata en oración a través de su vecindario. «Nos detuvimos frente a cada casa», dice, «reprendimos la obra de Satanás en el nombre de Jesucristo y oramos por la revelación de Cristo en la vida de cada familia». Dice que

---
8. Cindy Jacobs, *Conquistemos las puertas del enemigo*, Editorial Betania, Miami, Fl., 1993, p. 255.

todavía falta mucho, pero «la transformación social, económica y espiritual es evidente».[9]

La caminata en oración no fue una cura instantánea para el vecindario. Los Dawsons han hecho un compromiso territorial para con su vecindario y están orando y sirviéndole constantemente a sus vecinos. Caminar en oración, como las marchas de alabanza, no es un sustituto para el incesante evangelismo y el ministerio social. Pero puede ayudar en gran medida a abrir el camino espiritual para que sucedan otras cosas.

CAMINATAS EN ORACIÓN SINCRONIZADAS

Hasta ahora la mayoría de las caminatas en oración han sido espontaneas. El ministerio y sus resultados han sido buenos. Pero suponga que fuéramos más allá. Suponga que una véase a la semana cada cuadra de cada calle en su ciudad fuera cubierta por una caminata en oración. ¿Acaso puede creer que al año sería una ciudad diferente? Creo que así sería, pero tomaría más que esfuerzo, más liderazgo y más coordinación.

Mi amigo John Huffman ha comenzado la clase de caminata en oración, a nivel de todos los vecindarios de la ciudad, que podría ofrecernos las pistas en cuanto a cómo hacerlo en la suya. Sus experimentos iniciales, llamados «Cristo por la ciudad» se realizaron en Medellín, Colombia.

Debido a que este es un esfuerzo a nivel de toda la ciudad, los pastores y los líderes cristianos de ella deben estar unidos hasta donde sea posible para apoyarlo. Necesitan animar a los miembros de sus iglesias para que participen en la iniciativa de oración de su vecindario. Algunos de los que conocen bien la ciudad deben establecer las fronteras de los vecindarios que puedan trabajarse. Entonces debe reclutarse a los coordinadores en la mayor cantidad posible.

---

9. John Dawson, *La reconquista de tu ciudad*, Editorial Betania, Miami, Fl., 1991, p. 26.

Oración por la evangelización

Aunque no todas las caminatas en oración sincronizadas tienen que ser de esta manera, el plan de John Huffman es explícitamente evangelístico. Pero la oración no debe percibirse como otro método evangelístico. La comunidad cristiana ya tiene muchos excelentes métodos evangelísticos establecidos y tiene creyentes entrenados en su aplicación. Huffman dice: «Nuestra idea básica es aplicar los principios básicos de la guerra espiritual mediante la oración *antes* de comenzar a evangelizar».[10] Una vez que se libre bien la batalla espiritual, nosotros «incapacitaremos o ataremos al príncipe de este mundo por suficiente tiempo como para que muchos escuchen de forma adecuada el evangelio»,[11] y entonces podemos aplicar la mayoría de la metodología evangelística para cosechar lo que Dios desea darnos.

La idea general es movilizar la cantidad más grande posible de oración intercesora por el vecindario por catorce días antes de un evento evangelístico. Mientras más enfocada sea la oración mejor, así que cada vecindario es cartografiado cuadra por cuadra. Se utiliza una hoja de papel para identificar cada cuadra. Casas, tiendas, parques, escuelas, lotes vacíos, edificios de apartamentos y cualquiera otro se localizan en los cuatro lados de cada cuadra. Para cada casa se ofrece el número, el nombre de la familia, el color de la casa y otras características que sirvan para identificarla. Cuando los mapas estén listos, se le dan copias a los miembros de los equipos de oración del lugar, y también se envían a cualquier cantidad de intercesores en otras partes de la ciudad o la nación, así como a otras naciones que han accedido a unirse durante esas dos semanas.

Huffman ha bosquejado un programa sugerido de oración para las dos semanas, pero cualquier variación que

---

10. John C. Huffman, *Christ for the City Manual of Participatory Prayer* [Manual para la oración corporativa de Cristo para la ciudad], Christ for the City, P.O. Box 52-7900, Miami, Florida 33152-7900, 1992, p. 3.
11. *Ibid.*, p. 5.

indique el Señor es bienvenida. El itinerario incluye, entre otras cosas, la preparación de los intercesores, oraciones de bendición, oración de guerra, ayuno y oración por grupos especiales. En el sitio, los equipos caminan en oración por el vecindario al menos 2 de los 14 días, deteniéndose para visitar lugares indicados anteriormente mediante palabras que el Señor haya dado a intercesores cercanos y lejanos.

Cómo descubrir una maldición
En un esfuerzo de dos semanas de oración en Medellín, un grupo de oración de la Conferencia General Bautista de Dakota del Norte había acordado orar. Como muchos evangélicos tradicionales, no tenían mucha experiencia en escuchar a Dios mediante la oración recíproca, pero lo hicieron. Dios les dijo claramente que tenían que ocuparse de cierta fuerza maligna en cierto terreno vacío de uno de los mapas. La palabra fue tan fuerte que enviaron la información a través de un fax a Colombia.

El equipo del vecindario en Colombia visitó el terreno y le pidieron a Dios que les mostrara qué era lo que estaba mal. Les mostró que unas brujas habían enterrado cinco objetos ocultistas allí para maldecir la iniciativa de Cristo por la ciudad. Ellos desenterraron los objetos, los destruyeron, rompieron la maldición y oraron por la bendición de Dios en el vecindario y sobre los que enterraron los objetos. Muchas personas fueron salvadas.

Los resultados
John Huffman mantiene registros, hasta donde es posible, de lo que sucede con Cristo por la ciudad. Durante cuatro años orando por los vecindarios en Medellín, que de paso es el centro de la mafia narcotraficante colombiana, la cantidad de las iglesias evangélicas aumentó de 93 a 140 y la cantidad de creyentes aumentó un 133% de 4.434 a 10.350.

Mientras Cristo estaba en operación por la ciudad, el equipo de «Cruzada a cada hogar» también estaba laborando distribuyendo literatura cristiana de forma sistemática a cada hogar de la ciudad. Reclutaron todos los que pudieron para un curso de estudio bíblico e invitaron a los que lo terminaron a recibir a Cristo, además a firmar una tarjeta declarando que así lo habían hecho. Las dos actividades se apoyaron pero no estaban explícitamente coordinadas entre sí.

Surgió un hecho sorprendente. Cuando el personal de «Cruzada a cada hogar» iba a un vecindario que todavía no tenía el equipo que caminaba en oración por el vecindario, sólo 10% de lo que aceptaron el primer estudio bíblico terminó la serie y firmó la tarjeta. ¡Pero en los vecindarios que habían sido cubiertos por la oración, el 10% subió a 55%!

Queda poca duda de que caminar en oración puede cambiar la atmósfera espiritual de un vecindario y permitir que el evangelio de la gloria de Cristo brille fulgurantemente.

—PREGUNTAS DE REFLEXIÓN—

1. Luego de caminar en oración, la iglesia de Uruguay experimentó una pérdida drástica de miembros. ¿Cree que esto fue obra de Satanás o del Espíritu Santo? ¿Por qué?
2. Uno de los puntos más radicales de este capítulo es el concepto de la relación de la territorialidad con la autoridad espiritual. Discuta su opinión en cuanto a esto, especialmente haciendo referencia a la decisión de Bob y Susan Beckett de quedarse en Hemet, California.
3. ¿Qué piensa usted de la manera en la que los anglicanos en Inglaterra caminaron noventa calles? ¿Le parece que esto interesaría a las personas de su iglesia?
4. ¿Le ha mencionado su pastor las caminatas en oración en alguna ocasión a la congregación? De no ser así, ¿cree

usted que él o ella estaría dispuesto a leer este capítulo y considerar la promoción de este ministerio en la comunidad?
5. La oración no es evangelización. Pero hable acerca de la función que ella tuvo en la evangelización de Medellín, Colombia, bajo Cristo por la ciudad.

CAPÍTULO NUEVE

Expediciones de oración

EN 1991, SUIZA CELEBRÓ SU 700 ANIVERSARIO como nación.
En 1990, una diaconisa suiza que tenía un fuerte ministerio de intercesión escuchó el llamado de Dios para dirigir una expedición de oración. ¡Ella habría de orar alrededor de las fronteras nacionales de Suiza!

ORACIÓN POR LAS FRONTERAS DE SUIZA

La diaconisa suiza reclutó 2 compañeros de oración para que se le unieran, formando un núcleo de 3. Así que comenzaron en Lausana y establecieron su curso para caminar la periferia de cada una de las 12 provincias suizas que señalan las fronteras de la nación. Ella sostuvo seminarios de intercesión en las ciudades capitales de cada una de las provincias, invitando a las personas de las iglesias locales a que se les unieran en la expedición. En algunos días, sólo el núcleo de 3 estaba andando, pero luego participaron hasta 50. El promedio fue de 8 personas al día.

La expedición tomó 11 semanas. Cada mañana el grupo se reunió a las 9:00 A.M. para sus devociones y la oración. Dependiendo del terreno, generalmente cubrían de 14 a 19 kilómetros al día. Caminaban callados durante la primera media hora, sintonizándose espiritualmente con las direcciones que Dios les daba para sus oraciones de ese día. A medida que seguían caminando, comentaban entre sí lo que sentían escuchar de parte de Dios. Entonces oraban en voz alta mientras caminaban durante las próximas 1 ó 2 horas. Dos de los temas de oración que surgieron con más frecuencia fueron: (1) orar para que Dios levantara una nueva generación de líderes cristianos en Suiza que no estuvieran encadenados por las tradiciones edificadas por más de 700 años; y (2) que los niños fueran utilizados poderosamente de alguna manera en el Reino de Dios en Suiza. Por supuesto, oraron por muchas otras cosas también.

Cómo concentrarse en regiones

Las marchas de alabanza se enfocan principalmente a las ciudades. Las caminatas en oración a los vecindarios. Las expediciones de oración (que también han sido llamadas «caminatas en oración» en el pasado),[1] como la de Suiza, se enfocan principalmente en las regiones. El equipo de la diaconisa estaba orando fuera de las paredes de su iglesia, en esta ocasión por toda la nación.

¿Acaso no pudieron reunirse en un cómodo santuario de la iglesia y orar por su nación en lugar de subir y bajar esos

---

[1]. Caminata en oración fue anteriormente un término genérico que incluía lo que ahora distinguimos de forma más precisa como caminatas en oración, expediciones de oración y viajes de oración.

Alpes? Por supuesto, y Dios continuará dirigiendo a muchos en Su pueblo para continuar haciendo justamente eso. Pero en estos días parece que Él también está llamando a algunos a involucrarse en una clase de oración más atrevida y pública. Una palabra de Dios que he mencionado con frecuencia es: «Yo os he entregado, como lo había dicho a Moisés, todo lugar que pisare la planta de vuestro pie» (Jos 1.3). Graham Kendrick y John Houghton dicen que el gran mérito de una expedición de oración «es la absoluta abundancia de oración que genera, y frecuentemente los asuntos nacionales e internacionales se aclaran de una manera que se desconoce en las caminatas más cortas».[2]

Las expediciones de oración, como las caminatas, no tienen a nadie que pueda considerarse como su fundador. El Espíritu Santo le ha estado hablando a muchos líderes cristianos en ministerios diversos y desconectados para que saquen sus oraciones al público en general. Como podría predecirse, el mismo grupo de innovadores en Londres que también influyó en las marchas de alabanza y en las caminatas en oración está tras los que fueron pioneros en las expediciones de oración.

La visión vino en parte cuando Dios les habló a ellos mediante Isaías 35.8: «Y habrá allí calzada y camino, y será llamado Camino de Santidad», y luego los redimidos del Señor vendrán a esta autopista «con alegría; y gozo perpetuo será sobre sus cabezas» (Is 35.10). La primera expedición de oración se condujo simultáneamente desde John O'Groats, Escocia, a Londres, Inglaterra, reuniéndose con la otra de Land's End en el sur de Inglaterra a Londres.[3]

Dios también les habló mediante referencias geográficas en Isaías 43.5,6: «No temas, porque yo estoy contigo; del oriente traeré tu generación, y del occidente te recogeré.

---

[2]. Graham Kendrick y John Houghton, *Prayerwalking*, Kingsway Publications, Eastbourne, Inglaterra, 1990, p. 37.
[3]. Graham Kendrick, Gerald Coates, Roger Forster y Lynn Green con Catherine Butcher, *March for Jesus*, Kingsway Publications, Eastbourne, Inglaterra, 1992, pp. 56-59.

Diré al norte: Da acá; y al sur: No detengas; trae de lejos mis hijos, y mis hijas de los confines de la tierra».

EL SENDERO DE LOS INDIGNOS DEL MUNDO

Gwen Shaw, fundadora de las «Siervas del tiempo final» y miembro organizador de la Red de Guerra Espiritual, recientemente sintió que Dios la estaba enviando, juntamente con su esposo, Jim, a una expedición de oración que siguiera los senderos de los creyentes perseguidos «de los cuales el mundo no era digno» como el escritor de Hebreos podría describirlos (véase Heb 11.38). Su enfoque fue en su ancestral Europa, Dios la impresionó profundamente con las atrocidades perpetradas contra grupos como los cátaros, los hugonotes, los luteranos, los anabautistas, los menonitas, los hutteritas, los moravos y otros. Sintió que algunos de los pecados cometidos por cristianos contra estos grupos mantenían un efecto negativo en la atmósfera espiritual de la Europa actual.

En el verano de 1992, los Shaws pudieron visitar y orar sobre los lugares que los cátaros, los hugonotes y los moravos habían ocupado. Los cátaros del sur de Francia, que sostenían algunas doctrinas que la iglesia tradicional consideraba inaceptables, fueron totalmente eliminados en los 1200. Hasta 140 a la vez, independientemente de la edad, fueron quemados en enormes piras ardientes.

Gwen Shaw informa: «Visitamos casi todos esos sitios, y oramos, pidiéndole a Dios que eliminara la maldición del derramamiento de sangre inocente del sur de Francia, rogándole que extendiera su misericordia y enviara un colosal y misericordioso reavivamiento sobre los descendientes de los que habían realizado estas malvadas obras».[4]

Pasaron varias horas en oración en los cuarteles secretos del desierto en donde los perseguidos hugonotes habían

---

4. Gwen Shaw, *End-Time Handmaidens Newsletter* [Cartas a las siervas del tiempo final], P.O. Box 447, Jasper, Arkansas 72641, octubre 1992, p. 1.

escapado por sus vidas. Hicieron lo mismo en el antiguo refugio moravo en Alemania Oriental en el que éstos se retiraron después de haber sido echados de su tierra natal al sur de Checoslovaquia.

La hermana Gwen escribe: «Sí, seguimos el "sendero de lágrimas", lágrimas que nuestros padres y madres de la fe señalaron para nosotros con su valor, dedicación y amor por Dios: persona "de los cuales el mundo no era digno"».[5]

DE LONDRES A BERLÍN

La expedición más extensa y mejor organizada que conozco al momento de escribir fue organizada en 1992 por el equipo londinense de Roger Forster, Gerald Coates, Lynn Green y Graham Kendrick. Cubrió una ruta de 1200 millas desde Londres a Berlín con la participación de intercesores de 6 naciones. El equipo varió en tamaño, hasta 30 en diferentes puntos de la ruta. Diez de los del equipo original caminaron toda la ruta.[6] A medida que pase el tiempo, creo que Dios motivará muchas expediciones de ese tipo, algunas indudablemente más sofisticadas, a medida que adquiramos experiencia.

Pero, al momento, la expedición de Londres a Berlín puede considerarse como un prototipo. Con esto no propondría que cada expedición de oración se realizara de la misma manera, pero los asuntos que surgieron y las lecciones aprendidas en aquella nos ayudarán mucho a entender el concepto.

¿DÓNDE SE DEBE LANZAR UNA EXPEDICIÓN?

Las expediciones de oración son un tanto más avanzadas en su alcance y complejidad que las marchas de alabanza o

---

5. *Ibid.*, p. 4.
6. Kendrick, *et. al.*, *March for Jesus*, pp. 113,114.

las caminatas en oración. Los que las planifiquen deben tener alguna experiencia en la intercesión a alto nivel. Deben saber lo que es «orar en el Espíritu» como dice Efesios 6.18. Realizar o no una expedición, en dónde y cuándo hacerla son preguntas de tanta importancia que debe llegar un mandato claro de parte de Dios. Las expediciones de oración fácilmente podrían llegar a ser algo trivial o rutinario y podemos creer que Satanás le gustaría ver eso. Su dominio es seriamente amenazado por cristianos que se mueven en intercesión poderosa a través de una región.

Dios dio la visión para una expedición desde Londres a Berlín mientras los planes para la primera Marcha por Jesús del «Día europeo» se desarrollaban para el 23 de mayo de 1992. Aunque ese día habrían de sostenerse marchas en 40 ciudades europeas, parecía correcto preparar el camino para ellas con una expedición de 31 días a través de la región. Los organizadores de la Marcha por Jesús en Berlín estaban confrontando respuestas poco comunes al concepto de cristianos celebrando una Alemania unificada, particularmente si podían marchar y alabar a Dios bajo la Puerta de Brandeburgo, que había simbolizado la división.

Por lo tanto, Berlín, pareció la ciudad correcta hacia donde debía moverse la expedición. Londres fue la base de los organizadores, y ya habían oficinas adecuadas para proveer el apoyo logístico necesario. Ciertamente un vínculo espiritual entre las ciudades más prominentes del Reino Unido y Alemania también tendría un significado político Pan Europeo justamente cuando se estaba abriendo el Mercado Común Europeo.

Una vez anunciada esta expedición, los líderes de oración en otras partes de Europa sintieron que ellos también debían formar parte de la misma. Entonces se organizaron cuatro expediciones subordinadas, cada una tributaria al arroyo de Londres a Berlín:

- Un equipo habría de caminar a través de Irlanda desde Port Stewart a Dublín y unirse a la expedición en Dover, Inglaterra.

- Otro equipo habría de caminar desde París y unirse a la expedición en Calais, Francia.
- Otro caminaría desde Amsterdam y debía unirse a la expedición en Maastricht, Países Bajos.
- Otro equipo habría de caminar desde Tubinga y unirse a la expedición en Braunschweig, Alemania.

CÓMO ECHAR UNA RED DE ORACIÓN

En agosto de 1992, *Women's Aglow Fellowship* [Organización Aglow], sintió que Dios las estaba dirigiendo a «echar una red de oración» sobre los EE.UU. Jane Hansen, Bobbye Byerly, Doris Eaker y otras líderes retaron a las directivas regionales en cada estado para que participaran y así lo hicieron. Aunque hubo espacio para mucha creatividad particular, se hicieron dos sugerencias generales.

La primera fue que cada estado debía ser cubierto en oración: de este a oeste y de, norte a sur. Algunos caminaron, otros manejaron, otros volaron, otros pusieron las manos sobre sus mapas estatales y oraron.

Segundo, al final de tres días un equipo debía visitar cada edificio del capitolio estatal, orar en los escalones y «plantar la Palabra» enterrando literalmente en alguna parte de los terrenos del capitolio un papel que tuviera esta Escritura en él: «Yo os he entregado, como lo había dicho a Moisés, todo lugar que pisare la planta de vuestro pie» (Jos 1.3).

La iniciativa se lanzó a través de una vigilia de oración de 24 horas el 21 de agosto de 1992. Habrían de sostenerse reuniones especiales de oración el 24 y el 25 de agosto, entonces el 26 fue el día de la multifacética expedición de oración que cubría a toda la nación. Luego de realizarse, el reporte indicó: «Cada estado en los EE.UU. ha sido "reclamado" para los propósitos de Dios y se le declaró al enemigo que esta tierra pertenece a Dios: ¡Él todavía es el regente!»

¿PARA QUÉ ORAN LAS EXPEDICIONES DE ORACIÓN?

La expedición de oración de Londres a Berlín cubrió 28 segmentos en 31 días. La ruta se estableció de forma cuidadosa; un manual de la expedición presentó puntos clave de oración para cada día. El manual también fue distribuido a intercesores y equipos de oración que se quedaron en sus hogares, pero que accedieron a orar diariamente por los que estaban en la expedición.

Cada uno de los 28 segmentos del manual incluía:

- Una sugerencia de oración general para que el equipo apropiado para ese día en específico.
- Asuntos para alabanza y agradecimiento incluyendo Escrituras para orárselas a Dios.
- Un enfoque específico de oración para el día.
- Varios puntos clave de oración.

La cartografía de la expedición

Los puntos clave de oración del manual de la expedición no llegaron fácilmente. Surgieron mediante una cuidadosa cartografía espiritual. Ella es útil, pero no un prerrequisito para las marchas de alabanza y las caminatas en oración. Sin embargo, la efectividad de una expedición de oración frecuentemente se determinará por la capacidad de los cartógrafos espirituales que participan dirigiendo a los participantes.

Siguiendo la dirección del experto más prominente de ellos, George Otis, hijo, describimos la cartografía espiritual como un intento de ver a nuestra ciudad (o cualquier otra) como *realmente es*, y no *como parece ser*. Intentamos llegar detrás de lo visible y discernir lo invisible, tanto bueno como malo. La idea es predicada sobre el concepto bíblico de una jerarquía de principados y poderes que operan bajo el comando central de Satanás para prevenir que Dios sea glorificado en el mundo (Véanse Dn 10.13,20; Mt 25.41; Ef 3.10; 6.12; Col 2.15; cf. Ap 9.11). En la medida en que los poderes, o espíritus territoriales, puedan identificarse o desenmascararse, se presume que nuestras oraciones por una ciudad, un vecindario o una región pueden enfocarse de manera más precisa. (Compárense Ef 6.12 y Ro 15.30; Col 4.12).

La cartografía espiritual procura primeramente descubrir el «don de redención» de Dios para la ciudad. John Dawson dice: «Determinar el don redentor de su ciudad es más importante aún que discernir la naturaleza de su principado maligno. Los principados gobiernan por medio de la perversión del don de una ciudad de la misma manera que un don individual es vuelto para el uso del enemigo mediante el pecado».[7] Cuando una expedición de oración se acerca a una ciudad en particular, es importante preguntarse: «¿Por qué está esta ciudad aquí? Si el Reino de Dios fuera a llegar en su plenitud, ¿qué contribución singular se le pediría que hiciera?»

Este es el punto de partida positivo para la cartografía espiritual. Pero también es importante descubrir las fortalezas satánicas en la ciudad. Cindy Jacobs describe nueve distintas clases de fortalezas: las personales, las mentales, las ideológicas, las ocultistas, las sociales, las fortalezas entre la ciudad y la iglesia, los asientos de Satanás, las sectarias y las fortalezas de iniquidad.[8] La influencia de Satanás en una ciudad puede debilitarse al derrumbar las fortalezas que le dan el derecho legal de perpetuar el mal en ella (cf 2 Co 2.10,11; Ef 4.26, 27; Ap 2.9,13), y mientras más sepamos acerca de las fortalezas mejor podemos dirigir nuestra intercesión contra ellas.

Los pecados corporativos de la ciudad, tanto pasados como presentes, que no han sido perdonados proveen apoyo incesante para algunas de las fortalezas del enemigo. He escrito de forma más extensa acerca de esto en otro libro en

---

7. John Dawson, *La reconquista de tu ciudad*, Editorial Betania, Miami, Fl., 1991, p. 39.
8. Cindy Jacobs, «Cómo lidiar con las fortalezas», *La destrucción de fortalezas en su ciudad*, C. Peter Wagner, editor, Editorial Betania, Miami, FL, 1995 pp. 75—98.

esta serie, *Oración de guerra*.[9] En *Cómo destruir las fortalezas en su ciudad*, he provisto una lista de 60 preguntas (véase el cap. 9) que pueden ser útiles para llegar a las raíces de las cosas como *verdaderamente son* en una ciudad. Es necesario acercarse de tres maneras: la investigación histórica, la investigación física, y la investigación espiritual.

La cartografía espiritual hace lo mismo para los intercesores que lo que hacen los rayos X para un médico.

Cuando se junta con la ayuda de intercesores experimentados y los que tienen los dones espirituales de discernimiento de espíritus, la información reunida puede ser inmensamente útil para los que se están moviendo en una expedición de oración. La cartografía espiritual hace lo mismo para los intercesores que lo que hacen los rayos X para un médico.

Puntos clave de oración

La cartografía espiritual realizada para los «puntos clave de oración» en los 28 segmentos de la expedición de Londres a Berlín es muy impresionante. Sin embargo, al leerlos no pude dejar de pensar que quizás en menos de 2 años de aquí en adelante los consideraremos como buenos, pero bastante elementales. En una ocasión las máquinas de escribir fueron consideradas como algo avanzado, pero desde la llegada de los procesadores electrónicos de palabras ya no es así. Estoy confiado de que en el futuro la cartografía espiritual será mucho más sofisticada que cualquier cosa que conozcamos actualmente.

---

9. C. Peter Wagner, *Oración de guerra*, Editorial Betania, Miami, FL, 1994 cap. 7: «La remisión del pecado de las naciones».

¿Qué quiero decir? He aquí algunos de los ejemplos concretos del *Diario de oración* de Londres a Berlín.

• El domingo 26 de abril, la expedición irá desde Dover, Inglaterra a Calais, Francia. Calais es el lugar de la famosa catedral de Notre Dame en donde sostendrán un concierto de oración esa noche con cristianos de Gran Bretaña y Francia. En Calais ellos han de dirigir sus oraciones hacia:

1. La humillación: El símbolo de la ciudad es una estatua con seis residentes locales, con sogas alrededor del cuello y sus cabezas inclinadas. El 3 de agosto de 1342, Eduardo III, rey de Inglaterra, ordenó que seis de los hombres más prominentes del pueblo se rindieran y se fueran de la ciudad para ofrecerle las llaves de la ciudad. Fueron forzados a salir descalzos y con cabestros alrededor de sus cuellos.
2. Poderes fuertes: Un dragón alado domina el tope del reloj de la alcaldía de la ciudad. ¡En la mayoría de los pueblos franceses hay un gallo, no un dragón!

• El viernes, 15 de mayo el grupo viaja desde Hanover hasta Braunschweig, Alemania. Por su trasfondo, Adolfo Hitler llegó a ser ciudadano alemán en la ciudad de Braunschweig. Bajo su dirección, la catedral principal fue tomada por la SS y utilizada para oficiales aspirantes de la SS. Hitler encontró tremendo apoyo de parte de las personas de Braunschweig, sin ninguna objeción significativa de parte de la Iglesia Estatal. Actualmente, Braunschweig tiene la menor asistencia a la iglesia de cualquier ciudad alemana. Oren:

1. Contra las fuerzas de la masonería.
2. Contra los espíritus de división que luchan contra cada paso tomado hacia la unidad entre los creyentes y sus respectivas comuniones.
3. Contra espíritus de desconfianza que utiliza Satanás para extinguir el flujo del amor de Dios entre sus hijos.

- Mosrsleben, Alemania: El único lugar en Alemania en donde, hasta hace poco, se podían tomar desperdicios nucleares. Hay una fortaleza de muerte. Es un lugar de reunión para muchos neonazis. Los pocos cristianos que hay allí son denominados como secta y están seriamente atacados por enfermedades.
- Erxleben, Alemania: Oren contra el desempleo en el área. Un 50% de la población está desempleada.
- Magdeburgo, Alemania: Oren contra el espíritu de muerte, que es muy fuerte. Niños y jóvenes mueren con frecuencia de forma antinatural. El *autobahn* [la super autopista] es la que tiene más accidentes en Alemania y allí han muerto muchas personas.

¿QUIÉN VA A LAS EXPEDICIONES DE ORACIÓN?

Es obvio que no todo cristiano se sentirá llamado a invertir el tiempo, la energía y el dinero para participar en una expedición de oración. La necesidad de madurez, el compromiso y el llamado divino específico es mayor que en las marchas de alabanza y las caminatas en oración. Cada equipo de expedición de oración debe tener un número razonable de intercesores dotados y experimentados, además necesitan estar acostumbrados a participar en oración continua.

Sería tonto lanzarse a una expedición de oración sin suficiente acompañamiento de intercesión. Se debe requerir que cada miembro del equipo reclute intercesores que se queden en casa pero que prometan orar diariamente. El *Diario de oración* de Londres a Berlín está adecuadamente diseñado para ayudarlos a hacer esto de forma inteligente.

El *Diario de oración* enumera los nombres de 54 personas que se comprometieron a participar en toda o parte de la expedición de Londres a Berlín juntamente con otros ocho como personal de apoyo. Para involucrar más creyentes, en 21 de las 30 noches de la expedición organizaron de antemano un concierto de oración con los cristianos del pueblo al cual llegaban. En varios de los pueblos, los cristianos locales llegaron a entusiasmarse mucho y muchedumbres de hasta 400 les daban la bienvenida en la frontera de sus pueblos cuando llegaban caminando.

La expedición estadounidense «Echar una red de oración» de la Organización Aglow utilizó mayormente autos como medio de transporte. El reporte dice: «Desde el Monte Denali en Alaska hasta las costas de Nueva Jersey, las cintas amarillas atadas a los autos o a los brazos fueron un símbolo del amor de Cristo que rodeaba a las mujeres mientras cubrían sus áreas con "redes de oración"».

Tanto en Loisiana como en Florida, las mujeres manejaron por la costa todo el día y se detuvieron cada 11 kilómetros a orar. En California, equipos manejaron del este al oeste y del norte al sur, cruzando al estado en oración. Y dijeron: «Fue como atar una cinta a un paquete». Una dama en Virginia manejó 20 horas en 3 días. Otro grupo en Virginia alquiló un aeroplano y cubrió al estado desde la frontera con Carolina del Norte hasta el límite con Virginia Occidental con oración.

En Japón, Paul K. Ariga, coordinador nacional de la Red de Guerra Espiritual, organizó una expedición de oración en ferrocarril. Un ejecutivo cristiano los asistió al alquilar un tren que tenía 6 vagones de pasajeros, y 400 personas que habrían de orar se ofrecieron de voluntarios para viajar juntos a 6 ciudades en el área de Osaka, orando y alabando dentro del tren mientras viajaban, y fuera del tren a medida que se detenían en las ciudades. Ariga luego alquiló una barca de pasajeros para llevar 1.000 a una expedición de oración de un día alrededor del puerto de Osaka.

En 1992, David Bryant y Jeff Marks de Conciertos de Oración organizaron doce líderes de iglesias en Nueva Inglaterra para una expedición de oración que habría de cubrir 5 estados. Viajaron más de 1.200 kilómetros en dos vehículos familiares y un Toyota. En un período de 78 horas participaron en 4 conciertos de oración y nueve reuniones de oración para pastores y líderes. Nueva Inglaterra muy bien podría dirigir el camino hacia el reavivamiento para todo el resto de los EE.UU.

La razón para las expediciones de oración

La razón para las expediciones de oración puede declararse de forma sencilla: abrir espiritualmente una región para el Reino de Dios.

Cuando oramos: «Venga tu reino. Hágase tu voluntad, como en el cielo, así también en la tierra» (Mt 6.10), es correcto que esperemos que Dios se mueva. En este caso, Él mueve los corazones de su pueblo para usar la oración como la principal arma de guerra espiritual, allá afuera es donde obviamente se resiste al Reino de Dios.

Cuando oramos para que venga el Reino de Dios, ¿qué estamos pidiendo? Es probable que las respuestas específicas a esto varíen entre los grupos cristianos. Pero en donde se esté manifestando el Reino de Dios y en donde se esté haciendo su voluntad, podemos concordar en general que no habrá guerra, asesinatos ni derramamiento de sangre; ni pobreza, hambre o miseria; ni almas perdidas; ni codicia, injusticia o explotación; ni odio, prejuicio o discriminación; ni enfermedad, posesión demoníaca o abuso de sustancias controladas; ni habrá inmoralidad sexual, perversión ni pornografía.

Ministerios del Reino

Aunque personalmente deseo que llegue *todo* el Reino de Dios, mi llamado es a darle prioridad al evangelismo. Tengo amigos que también creen en él, pero se sienten llamados a ocuparse primordialmente con el asesinato de bebés por nacer. Otros participan en alimentar a los hambrientos, liberar a los endemoniados, reconciliar las razas o cualquiera otra cosa que ayude a esparcir la voluntad de Dios a través de la sociedad.

Cuando leí *Seasons of Faith and Conscience* [Temporadas de fe y conciencia] de Bill Wylie-Kellermann, encontré que él está más preocupado que otros por eliminar la guerra como medio para resolver las diferencias humanas. Jamás he estado inclinado al pacifismo, pero soy lo suficientemente bíblico como para percatarme de que una característica principal del Reino de Dios es la paz y no la violencia.

Menciono eso porque en su libro Wylie-Kellermann percibe a las expediciones de oración como un medio principal para traer paz y justicia. Por ejemplo, en Viernes Santo cada año, 300 cristianos hacen una expedición de oración a través de las calles de Detroit, Michigan, «deteniéndose a orar en lugares en donde el sufrimiento es manifiesto (vecindarios ignorados y destruidos, la cárcel del condado, el lugar de tiroteo con pistolas), en donde se sirve a las necesidades (un lugar donde se alimenta a los desahuciados, una clínica gratuita de salud, un albergue para personas que han tenido que escaparse de sus hogares) o en donde se toman decisiones (el edificio del condado o la ciudad, el edificio federal)».[10] No dudo que los que estuvieron en la expedición de oración de Londres a Berlín o las mujeres de la Organización Aglow hubieran elegido blancos similares para sus oraciones.

La verdadera batalla para la evangelización mundial y la justicia social es una batalla espiritual y nuestra principal arma de guerra espiritual es la oración.

En marzo de 1992, se sostuvo una expedición de oración en las Filipinas llamada «Marcha por la Vida 1992», trazando una ruta de 150 kilómetros de la infame Marcha de la Muerte de Batán con prisioneros estadounidenses y japoneses por los japoneses mismos durante la Segunda Guerra Mundial. De los 70.000 que fueron forzados a marchar,

---

10. Bill Wylie Kellermann, *Seasons of Faith and Conscience*, Orbis Books, Maryknoll, Nueva York, 1991, p. 25.

10.000 perdieron sus vidas. Un pastor japonés propuso la expedición de oración, y como parte de ella los líderes japoneses se arrepintieron públicamente de los crueles pecados de los soldados nipones y pidieron perdón. Los estadounidenses pidieron perdón por el holocausto atómico de Hiroshima. Puntos especiales adicionales de oración incluyeron la terrible deuda forzada sobre las Filipinas por la Planta de Energía Nuclear en Batán construida por la Westinghouse bajo el corrupto gobierno de Marcos, por la destrucción causada por la erupción del Monte Pinatubo, y por la devastación económica en las áreas que estaban siendo abandonadas por las bases militares de los EE.UU.[11]

Como he dicho anteriormente, es fascinante ver cómo el Espíritu de Dios está hablándole al amplio Cuerpo de Cristo en estos días cuando comenzamos a percatarnos de que la verdadera batalla por la evangelización mundial y la justicia social es una batalla espiritual y que nuestra principal arma de guerra espiritual es la oración. Comenzamos a reconocer que el verdadero enemigo es el diablo y no el uno o el otro. Me sentí intrigado al ver que Walter Wink discute en un mismo párrafo de su excelente libro *Engaging the Powers* [Cómo confrontar los poderes], a Peter Wagner y a Bill Wylie-Kellermann y dice: «Aquí siento una convergencia de metas que podría resultar en el desconcertante vínculo de carismáticos, evangélicos conservadores, y liberales de acción social en un frente unido de enorme poder».[12]

¿CÓMO PODEMOS ORAR?

Las expediciones de oración se caracterizan por cuatro clases principales de oración:

1. Oraciones de arrepentimiento. Gwen Shaw se arrepintió de los pecados de sus antepasados al perseguir a

---

11. Kathryn J. Johnson, «Marching for Life in the Philippines», *The Christian Century*, 3-10 de junio, 1992, pp. 573-574.
12. Walter Wink, *Engaging the Powers*, Fortress Press, Minneapolis, Minnesota, 1992, p. 314.

compañeros creyentes. Los cristianos japoneses se arrepintieron de los pecados de sus fuerzas militares en la Marcha de la Muerte de Batán. La Escritura dice, «si se humillare mi pueblo, sobre el cual mi nombre es invocado» (2 Cr 7.14). La humildad y el arrepentimiento están entre los requisitos de Dios para su respuesta de «sanar la tierra».

2. Oraciones de intercesión. El Señor dijo: «Y busqué entre ellos hombre que hiciesen vallado y que se pusiesen en la brecha delante de mí, a favor de la tierra» (Ez 22.30). Los participantes en las expediciones de oración sienten la responsabilidad de pararse sobre la brecha por la tierra a través de la cual están viajando. Le ruegan a Dios, mediante la intercesión, que les revele las fortalezas del enemigo en cada lugar que visitan y que les muestre su estrategia para derribar las fortalezas como se les ordena hacer en 2 Corintios 10.4,5.

3. Oraciones de proclamación. Anunciar en voz alta la gloria y la majestad de Dios es un privilegio y una responsabilidad de los que oran. «Oh Señor, ninguno hay como tú entre los dioses, ni obras que igualen tus obras. Todas las naciones que hiciste vendrán y adorarán delante de ti, Señor» (Sal 86.8, 9). Esto se hace con frecuencia mediante el canto y ocasionalmente gritando.

4. Oraciones de bendición. Los individuos necesitan sanidad. Las familias necesitan sanidad. Pueblos y ciudades necesitan sanidad. Los centros de poder político, económico, militar y religioso necesitan sanidad. Las almas perdidas necesitan salvarse. Una gran parte de las oraciones de una expedición de oración le imploran a Dios por la bendición sobre la tierra y el pueblo.

¿A DÓNDE IREMOS A PARTIR DE ESTE PUNTO?

Si las expediciones de oración verdaderamente pueden ayudar a abrir regiones para la venida del Reino de Dios, las posibilidades para desarrollarlas son enormes.

Me conmoví profundamente cuando hablé hace poco con Lynn Green de YWAM, uno de los del grupo de Londres que está apoyando mucho a las expediciones de oración. Él tiene una carga poco común, como la tienen muchos hoy, y es ver a los musulmanes llegar a la bendición de Dios a través de Jesucristo. También creo que estamos al borde de ver una enorme cosecha espiritual entre los musulmanes. Pero si ha de haber un masivo momento de conversión, creo que sólo sucederá con alguna victoria espiritual cataclísmica en el mundo invisible.

Lynn Green dice: «Me pregunto cómo sería si algún día pudiéramos movilizar miles de cristianos que se comprometan a realizar expediciones de oración de forma simultánea a través de cada ruta de las cruzadas. Haríamos que comenzaran en cada ciudad y pueblo de donde surgieron ellas, siguiendo las rutas, convergiendo en Estambul y caminando a Jerusalén. Sólo habría un asunto en la agenda: un arrepentimiento sincero y público por los pecados cometidos por los cristianos contra los musulmanes y los judíos». Es más, un evento inicial se sostuvo en Jerusalén en 1993.

No faltarían pecados e iniquidades de qué arrepentirse si se hiciera una cartografía espiritual adecuada. Escuché acerca de una ciudad en Alemania, por ejemplo, en la cual los líderes cristianos financiaron su cruzada confiscando los bienes materiales de 500 familias judías. Se dice que Bernard de Clairvaux predicó: «¡Vamos a las armas! Permitan que la santa indignación los anime al combate, que permitan que el grito de Jeremías retumbe a través del cristianismo: ¡Maldito sea el que aparte su espada de la sangre!»[13] Cuando leemos esas cosas ya no nos preguntamos por qué los líderes musulmanes llaman a los presidentes estadounidenses «El gran Satán». Y por qué declaran que el cristianismo es algo prohibido para sus ciudadanos.

---

13. Citado en Marvin E. Tate, «War and Peacemaking in the Old Testament» [Guerra y pacificación en el Antiguo Testamento], *Review and Expositor*, otoño 1982, p. 589.

La política internacional, las cumbres económicas y las Tormentas del Desierto no pueden hacer nada más que realizar ajustes cosméticos en el status quo porque la verdadera batalla por el mundo musulmán es en la arena invisible, de la cual las Naciones Unidas no saben nada. Pero Lynn Green y los líderes de oración como él saben mucho acerca de ella, y saben que sin arrepentimiento y el derramamiento de sangre no hay remisión de pecado. La sangre de Jesucristo ha sido derramada, y sólo un arrepentimiento dirigido por el Espíritu en el tiempo de Dios y a la escala del tamaño de Dios comenzará a abrir el camino para que éste sea aplicado como Dios lo desea.

Creo de forma personal que al tener la clase de expedición de oración que Lynn Green vislumbra, el mundo musulmán podría quebrantarse de forma permanente para que se derrame la bendición de Dios sobre ellos.

—Preguntas de reflexión—

1. Medite en la caminata en oración por 30 días desde Londres a Berlín. ¿Qué tipo de personas se involucrarían en algo así? ¿Se entusiasmaría por formar parte de algo como eso?
2. ¿Por qué cree que los miembros de la Organización Aglow enterrarían versículos bíblicos en los terrenos de los capitolios estatales? ¿Hay algún precedente bíblico para tales acciones proféticas de oración?
3. La «cartografía espiritual» podría ser un término nuevo para usted. De ser así, nombre algunos de los beneficios que podría tener para enfocar la oración de manera más precisa. Para más información acerca de la cartografía espiritual, asegúrese de obtener el libro anterior de esta serie *Guerrero en oración: La destrucción de fortalezas en su ciudad.*
4. En la mayoría de las expediciones de oración, se destacan las oraciones de arrepentimiento. Repase el capítulo

y vea si puede nombrar cuatro o cinco ejemplos específicos. ¿Por qué es tan importante esto?
5. Considere la propuesta de Lynn Green de expediciones de oración que se ocupen de las cruzadas. ¿Cuál es su opinión? ¿Hay otras iniquidades prominentes con las cuales se podría lidiar de la misma manera? ¿Qué de la esclavitud y el racismo?

CAPÍTULO DIEZ

Viajes de oración

HAROLD CABALLEROS ES PASTOR DE LA IGLESIA El Shaddai, en ciudad de Guatemala, de 4.000 miembros y es también uno de los líderes de más alto rango en la Red de Guerra Espiritual. Él ha sabido por algún tiempo lo que significa orar fuera de la iglesia y en la comunidad.

GUATEMALA EN LA ENCRUCIJADA

En 1990 Guatemala estaba en una encrucijada política. La iglesia evangélica había crecido rápidamente hasta que un 30% de la población eran cristianos evangélicos, el mayor porcentaje en Latinoamérica. Cristianos a través de toda la nación estaban orando por la justicia y el derecho en su nación, y las elecciones nacionales que vendrían en el 1991.

Sucedió que uno de los candidatos presidenciales, Jorge Serrano Elías, era un miembro activo de la Iglesia El Shaddai. Naturalmente, sus hermanos y hermanas en Cristo oraron con él cuando entró en la carrera política. Había participado anteriormente en 1986, mientras era miembro de otra iglesia, y había perdido. El Shaddai es una iglesia que ha sido entrenada en la oración de dos direcciones, y a través de la oración Dios les ofreció un mensaje profético de que Serrano Elías habría de ser el presidente de Guatemala. Ellos oraron, tomando la palabra del Señor con seriedad, para que se realizara la voluntad de Dios y para que Serrano Elías ganara la elección.

Dios había estado dirigiendo a Harold Caballeros en la guerra espiritual a alto nivel. Uno o dos años antes habían comprado un terreno para su iglesia que tenía en la parte trasera un promontorio de tierra de 6 metros. Luego descubrieron que era una sección de una imagen de 22.5 kilómetros de un espíritu maya, Quetzacoatl, la serpiente alada. Había sido construida en tiempos precolombinos y su origen maya no fue reconocido por los arqueólogos hasta los sesenta. Harold comenzó a dirigir a la congregación de El Shaddai en una seria guerra espiritual contra los espíritus de la serpiente.

Guerra espiritual nacional

En 1990, Caballeros comenzó a sentir que Dios estaba llamando a su iglesia a entrar en una guerra nacional espiritual, antes de las elecciones, para aclarar el camino espiritualmente hasta donde fuera posible. Decidió organizar viajes de oración como el vehículo para ello.

La iglesia reclutó 66 de sus intercesores más dotados y experimentados para el viaje. Necesitaban 3 intercesores para cada uno de los 22 departamentos (estados) de Guatemala. Luego de que los intercesores se reunieran el uno con el otro para recibir entrenamiento y orar juntos, cada equipo fue a la ciudad capital del departamento, fue colocado en un hotel, para quedarse allí y orar tanto como fuera necesario hasta que sintieran un avance espiritual.

Se obtuvieron muchos resultados positivos de estos viajes simultáneos de oración. El gobernador de uno de los departamentos dijo: «Las oraciones de estas tres damas han cambiado literalmente la historia de mi departamento. Ahora la bendición de Dios está con nosotros». El gobernador también reconoció que la historia le pertenece a los intercesores, como diría Walter Wink.

Mientras los intercesores regresaban a la iglesia, algunos de ellos trajeron fascinantes reportes. Entre otras cosas, habían identificado tres seres humanos poderosos que estaban siendo utilizados por las fuerzas espirituales de las tinieblas como hombres fuertes. Dos de ellos eran candidatos presidenciales, y ambos tenían proyecciones más altas en las encuestas que Jorge Serrano Elías. En realidad, Serrano Elías estaba tan abajo en las encuestas en ese entonces que pocos estaban tomando su candidatura en serio. Muchas veces los medios noticiosos no le incluían en la lista de candidatos potenciales.

Los tres hombres fuertes
El primer candidato era un narcotraficante cuya candidatura tenía el apoyo de poderosos intereses creados. Los intercesores oraron para que su campaña no prosperara. Poco después del viaje de oración el candidato sostuvo una reunión con sus más cercanos auxiliadores, la mayoría de los cuales llevaban armas. Como precaución, se requirió que todos dejaran sus armas en una mesa en el cuarto mientras la reunión estaba en sesión. Pero una mujer que estaba arreglando las armas en la mesa accidentalmente dejó caer una que se disparó, y la bala hirió seriamente al candidato presidencial. Su familia tuvo que llevarlo a Houston, Texas, en donde tuvo que operarse para luego recuperar completamente su salud. ¡Pero mientras tanto tuvo que abandonar la carrera electoral!

El segundo candidato era el alcalde de la ciudad capital del departamento en el cual los intercesores estaban orando. Una semana después del viaje de oración de la iglesia, el alcalde fue arrestado por la policía por ser narcotraficante. Descubrieron grandes cantidades de drogas, enormes cantidades de efectivo en dólares estadounidenses y un almacén lleno de autos hurtados. Cuando se dio a conocer esto, los miembros de su partido se enojaron tanto que votaron por Serrano Elías, no tanto porque le favorecieran, sino porque querían derrotar a su antiguo candidato.

El tercer hombre fuerte identificado por los viajes de oración no era un narcotraficante, sino un líder que promovía la violencia. La Iglesia de El Shaddai también oró contra los espíritus de violencia que le controlaban.

El resultado fue que Jorge Serrano Elías fue elegido presidente mediante un 67%, hasta ahora el porcentaje más alto, de los votos en la primera elección, una de las pocas ocasiones en las cuales no hizo falta una elección adicional en una campaña con varios partidos.

Los viajes de oración se concentran primordialmente en las fortalezas. Una fortaleza es un grupo de circunstancias en el contexto de la vida humana que proveen una base legal para los principados y las potestades sobre la cual establecer un centro de operaciones.

Al momento de escribir el presidente, junto con el vicepresidente, que también es un creyente, ha estado reuniéndose dos veces al año para una reunión de oración de 9:00 A.M. a 2:00 P.M. con 1.800 a 2.000 de los pastores de Guatemala. Él dice que falta mucho para que la justicia y el derecho por los cuales están orando caracterice plenamente a la nación, pero todos sienten que se están tomando importantes pasos en esa dirección.

LOS VIAJES DE ORACIÓN SE CONCENTRAN EN LAS FORTALEZAS

Las marchas de alabanza se concentran en las ciudades, las caminatas en oración en los vecindarios y las expediciones de oración en regiones, pero los viajes de oración se concentran primordialmente en las fortalezas.

Una fortaleza es un grupo de circunstancias en el contexto de la vida humana que proveen una base legal para los principados y las potestades sobre la cual establecer un centro de operaciones. Cindy Jacobs define una fortaleza como «un lugar fortificado que Satanás construye para glorificarse a sí mismo en contra el conocimiento y los planes de Dios».[1]

El apóstol Pablo dice: «porque las armas de nuestra milicia no son carnales, sino poderosas en Dios para la destrucción de fortalezas, refutando argumentos, y toda altivez que se levanta contra el conocimiento de Dios, y llevando cautivo todo pensamiento a la obediencia a Cristo» (2 Co 10.4,5). Este pasaje sugiere cuatro clases de fortalezas:

1. Fortalezas sectarias. «Refutando argumentos» (v. 5). A un número bastante grande de cristianos les gusta argumentar. La naturaleza de los argumentos es probar que su posición es la correcta, y por supuesto una manera probada de intentar eso es probar que la persona con la cual uno está en desacuerdo está equivocada. Me sorprendo de la considerable cantidad de artículos así como libros que se están escribiendo, proponiendo que algunas de las cosas que digo acerca de la oración en esta serie *Guerrero en oración* están erradas. Un amigo mío, autor de gran parte de esos escritos, me dijo: «Creo que mi llamado es a ser polémico». Él no

---

1. Cindy Jacobs, *La destrucción de fortalezas en su ciudad*, editor: C. Peter Wagner, Editorial Betania, Miami, FL, 1995, p. 83.

puede entender cómo puedo citar positivamente algunas de las cosas que una persona como, por ejemplo, Walter Wink pudiera decir sin llamar la atención a otros asuntos sobre los cuales estamos en desacuerdo y refutar su posición. Él quiere que me luzca haciendo que otros se vean mal.

La polémica raras veces persuade a otros de que deben cambiar de parecer y llegar a parecerse más a usted. Con más frecuencia hace que se endurezcan en su opinión y se ensanche la brecha. Ésta es precisamente la causa de mucha de la presente división en el Cuerpo de Cristo. Jamás debemos comprometer los principios bíblicos esenciales en cuanto a la persona y la obra de Jesucristo («un Señor, una fe» [Ef 4.2-5]). Pero hay mucho espacio para el desacuerdo y el respeto mutuo en doctrinas secundarias. Temo que gran parte de nuestra polémica cristiana constituye fortalezas para el enemigo.

2. Fortalezas ocultistas. «Toda altivez que se levanta contra el conocimiento de Dios» (v. 5). El griego para «altivez» es *hypsoma*, del que *The New International Dictionary of New Testament Theology* [El nuevo diccionario internacional de teología neotestamentaria] dice: «probablemente refleja ideas astrológicas, y por lo tanto denota poderes cósmicos[...] poderes dirigidos contra Dios, buscando intervenir entre Dios y el hombre».[2] Cindy Jacobs dice: «Los espíritus territoriales sobre una ciudad o región reciben enorme poder mediante conjuros de ocultismo, maldiciones, rituales y fetiches usados por brujas, hechiceros y satanistas».[3] Cuando Harold Caballeros descubrió la serpiente alada maya en el patio de su iglesia, comenzó a ver algunas fortalezas ocultistas, las que llegaron a ser debilitadas.

3. Fortalezas de la mente. «Llevando cautivo todo pensamiento» (v. 5). Muchos han criticado a Robert Schuller

---

2. J. Blunck, «Height, Depth, Exalt», *The New International Dictionary of New Testament Theology*, Colin Brown, ed., Zondervan Publishing House, Grand Rapids, Michigan, 1976, 2:200.
3. Jacobs, *La destrucción de fortalezas en su ciudad* p. 89.

por enseñar «el pensamiento positivo» pero personalmente he hallado que intentar moldear mis pensamientos y planes en una luz positiva ha ayudado en gran manera a mi ministerio y a mi bienestar. Mi amigo Edgardo Silvoso ha dicho en varias ocasiones: «Una fortaleza es una manera de pensar impregnada con desesperanza que lleva al creyente a aceptar como inalterable algo que sabe es contrario a la voluntad de Dios». Tanto Schuller como Silvoso están describiendo la fe bíblica, sin la cual es imposible agradar a Dios (véase Heb 11.6).

La falta de fe es una fortaleza de la mente que utiliza Satanás. Jesús se enojó con ella lo suficiente como para exclamarle a sus discípulos en más de una ocasión, «¡Hombres de poca fe!»

4. Fortalezas personales. «Obediencia a Cristo, y estando prontos para castigar toda desobediencia» (2 Co 10.5,6). Cualquier disminución de los patrones de obediencia o santidad en las vidas de los creyentes le provee un trampolín a Satanás. Si vamos a «resistir al diablo» como dice Santiago, también debemos «acercarnos a Dios» (Stg 4.7,8). Esto significa, entre otras cosas, que debemos «limpiar nuestras manos» y «purificar nuestros corazones». Ya sean las acciones equivocadas o las motivaciones erradas o una combinación de las dos le pueden dar a Satanás fortalezas personales y un derecho legal para realizar su maligna labor.

Estas cuatro no agotan la lista de posibles fortalezas, pero sí ofrecen ejemplos concretos de algunas de las cosas que Dios desea que «derrumbemos». Una parte importante de los viajes de oración es hacer eso mismo, liberando así los ministerios de evangelismo y acción social que siguen.

DOS CLASES DE VIAJES DE ORACIÓN

Hasta ahora la experiencia ha indicado que es útil distinguir entre dos clases de viajes de oración. «Viajes de oración intercesora» y «viajes de oración profética». Ambos son formas un tanto modernas de oración en la comunidad, pero los últimos son los más avanzados. Comparadas con otras clases de oración fuera de la iglesia, que podría percibirse como escuela primaria y secundaria, los viajes de oración intercesora son como la universidad y los viajes de oración profética son como el posgrado.

El diablo es muy celoso y se asegura de que las fortalezas que está utilizando actualmente se mantengan de forma segura. Los viajes de oración son una amenaza directa y abierta al bienestar del enemigo, y hará todo lo posible por oponerse a ellos. No digo esto para provocar temor porque «mayor es el que está en vosotros, que el que está en el mundo» (1 Jn 4.4), pero lo digo para promover el adecuado grado de precaución. Unirse a las Marchas por Jesús y a la mayoría de las caminatas en oración es una cosa, pero confrontar al enemigo en viajes de oración es otra. Planificar un viaje de oración es una declaración de guerra contra Satanás.

LOS VIAJES DE ORACIÓN INTERCESORA

Para conducir un viaje de oración intercesora, una iglesia en particular o un ministerio recluta un equipo de oración de, digamos, 5 a 10 miembros, y los envía a otra ciudad o a algún otro punto estratégico con el propósito de orar en el lugar.

El ministerio de «Alcance Asiático» en Hong Kong envió recientemente un equipo de 4 intercesores a Da Nang, Vietnam, para un viaje de oración. Cuando desembarcaron de su viaje de 30 horas en tren, no tenían planes específicos. Pero sí tenían un propósito. «Habíamos venido a Danang con una meta específica en mente», dice Cao An Dien, uno de los intercesores. «Habíamos venido a orar».[4] Ella dice que no sabía a donde los habría de dirigir el Señor en

---

4. Cao An Dien, «That God May Open a Door», *Asian Report*, mayo-junio, 1992, p. 17.

Vietnam una vez que salieran de Hong Kong, pero «a medida que oramos por las ciudades de Vietnam, sentimos tinieblas sobre Da Nang, como si hubiera algo significativo por lo cual se debía orar».[5]

Mientras comenzaron a explorar y buscar blancos de oración durante el primer día, se detuvieron para desayunar en un pequeño restaurante. El cocinero, un vietnamita chino llamado Trung, les contó que tenía 3 trabajos para poder ahorrar suficiente dinero para escaparse del país. No tuvieron la oportunidad de presentarle el evangelio, pero oraron por él frecuentemente mientras estuvieron en Da Nang. Oraron por la ciudad, oraron contra las fortalezas que pudieron discernir, oraron por los 67 grupos que no han sido alcanzados en Vietnam, oraron por los cristianos que son perseguidos allí y por los individuos que se habían encontrado diariamente.

Ocho meses después se emocionaron cuando uno de su equipo que estaba sirviendo en un campo vietnamita en Hong Kong ¡se encontró con Trung! Ella entonces le predicó el evangelio y le dejó un libro devocional, escrito en inglés y en chino. Seis meses después lo encontraron de nuevo. Esta vez estaba radiante. «Me he convertido en cristiano», indicó. «Mediante la lectura de este libro devocional he llegado a conocer a Jesús como mi Señor y Salvador».[6]

¿Y Da Nang? ¿Tuvo el viaje de oración algún efecto? Cao An Dien dice: «En los meses subsiguientes a nuestra visita, se reportó que la iglesia en Danang estaba descubriendo mayor libertad ya que el gobierno no estaba oprimiéndolos como antes. En esa ciudad se estaban salvando muchos». Entonces añade algo muy importante para que lo tengan en mente los guerreros de oración: «El Señor no sólo estaba respondiendo a nuestras oraciones sino también a las de muchos otros que estaban sosteniendo esta ciudad en oración».[7]

---

5. *Ibid.*
6. *Ibid.*, p. 20.
7. *Ibid.*

La oración a través de la Ventana

Durante el mes de octubre de 1993, se estará celebrando el evento más grande de oración internacional que pueda recordarse. Está patrocinado por el Movimiento 2000 A.D. del Curso de Oración Unida y se llama «Oración a través de la Ventana», además es coordinado por Dick Eastman de Cruzada a cada hogar y Jane Hansen de *Women's Aglow*. Los cristianos a través del mundo serán retados a realizar un esfuerzo especial para orar por las personas que no han sido alcanzadas y las ciudades por evangelizar en la Ventana 10/40.

«VENTANA 1040»

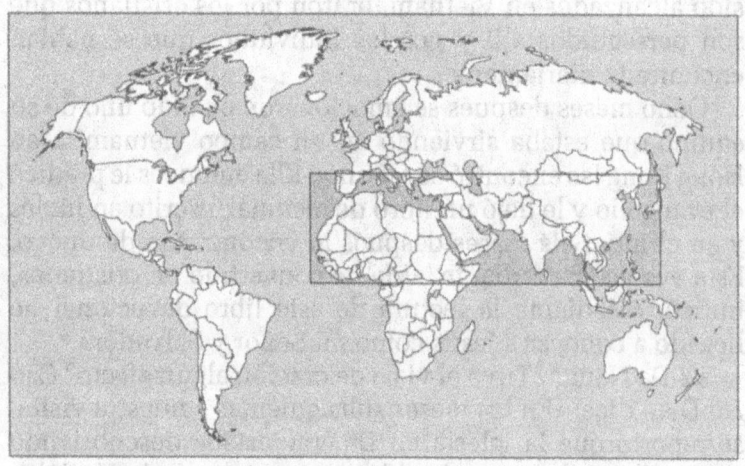

Millones de intercesores se están alineando para orar a través del mes de octubre. Al momento de escribir se han establecido algunas metas atrevidas:

- *Women's Aglow* [Organización de mujeres Aglow] espera movilizar 500.000 mujeres para orar a lo largo del mes.
- William Kumuyi espera reclutar hasta 2 millones de africanos de más de 40 naciones.

- El comité coreano 2000 A.D. está bastante seguro de que tendrán 1 millón de coreanos orando de forma específica por la Ventana 10/40.

La idea de llenar estadios públicos ha sido sugerida por los japoneses. El representante del Curso de Oración Unida, Paul K. Ariga, está trabajando con el comité organizador de la Misión Koshien para el avivamiento de todo el Japón, que ha alquilado el famoso estadio de béisbol de Koshien por 3 noches. Ariga también está promoviendo 180.000 horas de oración intercesora hasta el comienzo de esta actividad. Debido a que esperan llenar el estadio de 60.000 asientos todas las noches, se ocuparán un total de 180.000 asientos. Para proveer una hora de oración para cada asiento, Ariga tiene a más de 7.000 creyentes japoneses comprometidos a orar, ayunar y enviar una tarjeta postal luego de haber completado 10 horas de oración. Los números son supervisados y puestos en computadoras.

Muchos líderes cristianos en otros países están planificando seguir la dirección de los japoneses, al menos por una noche, en algunos casos la noche de la fiesta de los inocentes, el 31 de octubre de 1993.

Doscientos cuarenta y ocho viajes de oración

Esta iniciativa no sólo desea orar por la Ventana 10/40, sino que también está planificando orar *en* ella a través de al menos 248 viajes de oración intercesora. El número 248 se deriva de la multiplicación de 62 naciones de la gran Ventana 10/40 designados para oración durante las 4 semanas de octubre. Los planes son de tener un equipo de oración en cada una de las 62 naciones (o en algunos casos tendrá que ser en la frontera) cada una de las 4 semanas del mes. Varios se reunirán con equipos partidarios de oración del lugar.

Sólo el Señor sabe si alguna o todas estas metas y otras que podrían surgir de forma subsiguiente se cumplirán total o parcialmente. De todas maneras, la visión de sincronizar los viajes de oración es un concepto avanzado digno de experimentación.

Los viajes de oración están siendo coordinados por Ted Haggard, pastor de la Iglesia Nueva Vida de Colorado Springs, Colorado, quien ha organizado un nuevo ministerio para esta faena llamado «Red de Información Cristiana». La tarea de Haggard es ver que cuatro equipos sean asignados a cada país, una semana cada uno. Se espera que los equipos de oración vendrán de muchas naciones del mundo, y dadas las restricciones de las visas en muchas de las naciones de la Ventana 10/40, Ted se asegurará de que los equipos de las naciones adecuadas sean asignados a los países con acceso limitado.

La cartografía espiritual será provista por la División de Cartografía Espiritual del Curso de Oración Unida bajo George Otis, hijo. Otis dice: «Debemos encontrar una manera de levantar el encanto del enemigo sobre los corazones y las mentes de los grupos de los residentes. Alcanzar esta tarea, que la Biblia define como atar al hombre fuerte (Mt 12.29), requiere una identificación precisa de nuestra competencia espiritual, así como la fe y el compromiso de perseverar en oración».[8]

El equipo de Otis está comprometido a investigar y distribuir lo que ellos llaman «coordenadas para el objetivo», que se ocupan de fortalezas espirituales específicas de todo tipo para cada una de las 62 naciones que han de recibir intercesores. Además, él ha trabajado con Dick Eastman para producir una guía genérica de oración para el mes, que señala formas generales para orar todos los días por las 62 naciones.

El entrenamiento para los viajes de oración

Se proveerá entrenamiento para la guerra inteligente de oración a nivel estratégico para los que se ofrezcan como voluntarios para los viajes de oración intercesora. Una

---

8. George Otis, Jr., «Operation Second Chance» un documento circulado privadamente por The Sentinel Group, 1992, p. 2.

Viajes de oración 229

conferencia videográfica destacando a Luis Bush, Peter Wagner, Dick Eastman, David Bryant, Cindy Jacobs, George Otis Jr., y Ted Haggard está disponible de parte de la Red de Información Cristiana. Otis está produciendo un manual de entrenamiento llamado *Strongholds of the 10/40 Window* [Fortalezas de la Ventana 10/40], (The Sentinel Group), que incluirá instrucciones acerca de cómo entender a las fortalezas, cómo identificarlas y cómo responder a ellas. Muchos también están utilizando mis libros, *Oración de guerra: La destrucción de fortalezas en su ciudad* y *Conquistemos las puertas del enemigo* de Cindy Jacobs.

El costo de enviar 248 equipos de 5 a 10 cada uno al sureste de Asia, el norte de África, India, los Himalayas, Japón y otros destinos en la Ventana 10/40 es cuantioso. Y esto provoca una interesante pregunta para los líderes ministeriales y eclesiásticos: ¿Cuán importante es la oración para el evangelismo efectivo? La mayoría de los líderes cristianos dirán: «La oración es número uno», pero como señalé en el capítulo 2, gran parte de esto resulta ser mera retórica. Nada demuestra el verdadero nivel de compromiso de las personas que su disposición a comprometer dinero.

Dependiendo de muchos factores, a una iglesia podría costarle entre $10.000 y $25.000 enviar un equipo de oración intercesora a la Ventana 10/40. Esto, estoy consciente, es suficiente para atolondrar a muchos pastores. Sin embargo, también creo que las 248 iglesias o ministerios de muchas naciones consideran la oración de guerra como algo lo suficientemente fuerte como para comprometer los fondos. Una iglesia en Guatemala ya se ha alistado y está creyendo en Dios para que los fondos estén allí cuando llegue el momento y que su equipo irá. Otro equipo de indios estadounidenses navajos se han comprometido al viaje de oración.

Los que se ofrezcan como voluntarios para un viaje de oración intercesora deben percatarse de que no van de vacaciones. No será una semana o 10 días de juegos y diversión. Será una auténtica aventura en misiones breves y transculturales. Una ventaja que tienen es que no tendrán que aprender el idioma porque pueden orar en su idioma natal. Pero en muchos casos la comida será mediocre; estarán plagados de enfermedades como diarrea y catarros; el viaje en avión sacará de curso sus sistemas; en algunos casos las acomodaciones serán muy sencillas, con pocas de las comodidades del hogar. Y como es una guerra espiritual abierta, que reta áreas de profundo y duradero atrincheramiento demoníaco, es inevitable que hayan bajas. No es una labor para los débiles de corazón, sino para los pocos llamados, fortalecidos y endurecidos por el poderoso Dios.

Los resultados pueden ser cambios radicales en el equilibrio de poder en los cielos y un derramamiento del Reino de Dios en tierras que anteriormente fueron esclavizadas por las tinieblas.

VIAJES DE ORACIÓN PROFÉTICA

Imagino que el porcentaje de cristianos que participan en viajes proféticos de oración, comparado con los viajes de oración intercesora, sería como el de los atletas de escuela secundaria que llegan a competir en los Juegos Olímpicos.

Aunque el concepto de los viajes de oración profética es nuevo para muchos de nosotros, no lo es para el intercesor sueco Kjell Sjöberg. Kjell (que se pronuncia «Shell») es uno de esos atletas espirituales olímpicos, por así decirlo, que ha adquirido tanta experiencia como cualquiera en este agotador ministerio. En su libro, *Winning the Prayer War* [Cómo ganar la guerra de oración], dice que ellos han «confirmado que existen individuos con el don del espionaje profético. Ciertas personas que han experimentado la santidad de Dios y su inconmovible amor, mientras adoran ante Él, se les ha dado un instinto de caza para seguirle el rastro a las manipulaciones del enemigo. El mal es algo que podemos localizar y nombrar».[9]

---

9. Kjell Sjöberg, *Winning the Prayer War*, New Wine Press, Chichester, England, 1991, p. 60.

Sjöberg cree que los viajes de oración deben utilizarse mucho más de lo que han sido en la preparación del camino para el evangelismo. Y dice: «Hace cien años, cuando se estaba movilizando a los misioneros para ir a China y otras tierras con el evangelio, a los que apoyaban en oración se les dijo que se quedaran en casa y apoyaran a los que iban a luchar al frente. Creo que podemos hacer algo mejor que eso hoy en día, y le dijo a los intercesores: "¡Vayan ustedes primero, y aclaren el camino para los evangelistas y para los que plantan nuevas iglesias!"»[10]

En su libro, Sjöberg, que dice que ha sido llamado a «llevar equipos de oración a lugares difíciles y duros, tierras cerradas, y personas que no han sido alcanzadas»,[11] cuenta de viajes de oración profética a ciudades como París, Bruselas, Bonn, Varsovia y Atenas. Habla de fortalezas que ha encontrado tales como Mamón, la Prostituta, el Materialismo, la Falta de Padre, la Muerte, la Conspiración y muchas otras. Y entonces habla de las victorias espirituales.

Por ejemplo, cuenta de un viaje de oración a Budapest en donde identificaron al hombre fuerte sobre Hungría como un espíritu de esclavitud. Ellos oraron muy específicamente para reprender ese espíritu territorial de esclavitud. «La respuesta a nuestra oración vino», dice, «cuando, dos años después, se cortó el alambre de púas alrededor de las fronteras y se vendió como recuerdo, y los húngaros una vez más pudieron viajar libremente a otros países».[12]

En París sintieron la necesidad de combatir el espíritu de revolución, y vino de forma particular contra las demostraciones del Día de Mayo. «Desde que oramos allí», dice Sjöberg, «las celebraciones del Día de Mayo en los países que anteriormente eran socialistas y comunistas han perdido su poder de atraer multitudes».[13]

---

10. *Ibid.*
11. *Ibid.*
12. *Ibid.*, p. 76.
13. *Ibid.*

Los actos de oración profética

Los que siguen las actividades de los intercesores proféticos a veces se confunden por parte de su conducta. Algunas de las cosas que hacen parecen irracionales, o hasta bizarras. Es triste que algunos entusiastas inmaduros y tontos cometen actos estúpidos que no son del Espíritu Santo. Pero a los intercesores que verdaderamente están en contacto con Dios a veces se les pide que hagan cosas extrañas. Kell Sjöberg dice: «Las acciones de oración profética se hacen solamente por mandato del Señor, en el tiempo perfecto que Él determina, y de acuerdo a la estrategia que el Señor ha revelado al equipo».[14]

Por ejemplo, mi amigo Filiberto Lemus, que pastorea una iglesia rural al oeste de Guatemala, también es un reconocido intercesor. En una reunión reciente de la Red de Guerra Espiritual me contó cómo las cosas habían marchado mal en su iglesia debido a una severa oposición al evangelio de parte de las personas del pueblo. Mientras oraba acerca de esto, Dios le dio instrucciones un tanto extrañas. A las 4:00 de la mañana, cuando el pueblo todavía estaba dormido, los miembros de su iglesia habrían de reunirse en tres grupos alrededor del pueblo, y conducir marchas simultáneas con antorchas a través de las calles de la ciudad, terminando en la iglesia para orar. Desde la fecha de ese acto de oración profética, la asistencia en su iglesia ha aumentado en forma dramática.

Kell Sjöberg cuenta de un grupo de intercesores dirigidos a realizar un acto de oración profética en el desierto cerca de Bersheva, Israel. Llevaron dos palos. En uno escribieron: «Para Judá y los hijos de Israel», y en el otro: «Para José, la vara de Efraín». Ataron los palos con un hilo de plata y los unieron con un anillo de bodas. Esta no era una idea nueva. Dios los había dirigido a revalidar Ezequiel 37.16-22, orando

---

[14]. Kjell Sjöberg, «Cartografía espiritual para acciones de oración profética», *La destrucción de fortalezas en su ciudad*, C. Peter Wagner, Editorial Betania, Miami, FL, 1995, p. 108.

fervientemente por la unidad entre los judíos radicales ortodoxos y los judíos seculares, y por la armonía entre los judíos mesiánicos y los otros judíos.[15]

Cuando recordamos parte de la conducta dirigida por Dios de los profetas del Antiguo Testamento, las cosas llegan a su perspectiva. Ezequiel tuvo que recostarse sobre su lado izquierdo por 390 días, y luego en su derecho por 40 días (véase Ez 4.4-6). Tuvo que cocer tortas de centeno utilizando excremento humano como combustible (véase Ez 4.12, 13). Jeremías tuvo que enterrar sus interiores y luego desenterrarlos (véase Jer 13.1-7). Oseas tuvo que casarse con una prostituta (véase Os 1.2). Y así por el estilo. Sus actos de oración profética deben haber parecido irracionales y bizarros en ese momento, pero sabemos por la Escritura que en realidad fueron instrucciones del Señor.

Viajes a los puntos cardinales
Loren Cunningham, líder de Juventud con una misión (Jucum) sintió hace poco que Dios estaba dirigiendo al grupo a una estrategia profética de oración, que implicaba viajes a los puntos cardinales del mundo. Fueron motivados a hacer esto luego de estudiar el significado de «los confines de la tierra» en la Palabra de Dios y la invitación del Salmo 2.8 en particular: «Pídeme, y te daré por herencia las naciones, y como posesión tuya los confines de la tierra».

Roger McKnight, que ahora dirige la Coordinación internacional de eventos de oración de Juventud con una misión, fue designado para organizar equipos de oración para orar en los extremos norte, sur, este y oeste de seis continentes. Al elegir el término técnico geográfico y cartográfico «puntos cardinales», la iniciativa de oración fue denominada «Estrategia de oración en los puntos cardinales». A pesar de los pronosticables retos logísticos y reportes tales como, «Sentimos que el enemigo estaba luchando cada milla que

---

15. Tomado de la revista de Kjell y Lena Sjöberg, 21 de abril de 1992.

cubrimos. Fue una lucha», 24 equipos de oración estaban en su lugar y en oración el 21 de septiembre de 1991.

La visión de Roger McKnight se ha expandido, ahora que se ha unido al Curso de Oración Unida 2000 A.D., y que tiene más apoyo de parte del Cuerpo de Cristo a través del mundo. Como parte del Día para Cambiar al Mundo el 25 de junio de 1994, él espera no sólo organizar viajes de oración profética en una «segunda ola» a los mismos 24 puntos cardinales continentales, sino también añadir los 4 puntos cardinales de tantas naciones individuales del mundo como pueda en el mismo día.

Esta clase de acción de oración parece tan poco común que algunos se preguntarán: «¿Qué bien podría algo como esto realizar?» La misma pregunta posiblemente se la estaban haciendo los que vieron a Jesús mezclar barro con saliva antes de ungir los ojos de un hombre ciego. Es la lógica del Reino de Dios.

Además, la mayoría de los dueños de propiedades inspeccionan las fronteras de su tierra o al menos hacen que sus agentes lo hagan, o sus herederos. Las inspecciones usualmente vienen cuando algo significativo está a punto de sucederle a la propiedad. A la luz de esto, si la salvación de Dios ha de alcanzar «los confines de la tierra» (Is 52.10), entonces un viaje de oración profética que afirme el dominio de Dios sobre «el mundo, y los que en él habitan» (Sal 24.1) podrían no ser ortodoxo pero ciertamente no es inválido. Podría ser parte de un plan compuesto por Dios mismo, ¡anunciando un día de cambio para el mundo! Si Dios hizo que Jeremías enterrara sus interiores, también podría tener equipos de oración en Cabo Blanco, Brasil, y Xaafun, Somalia y Cape Prince of Wales, Alaska, el 25 de junio de 1994.

Si la salvación de Dios ha de alcanzar
«los confines de la tierra» (Is 52.10),
entonces un viaje de oración profética
que confirme el dominio de Dios sobre
«el mundo, y los que en él habitan»
(Sal 24.1) podría no ser ortodoxo pero
tampoco carece de valor. Podría ser
parte de un plan compuesto por Dios
mismo, ¡anunciando un día de cambio
para el mundo!

La oración contra la guerra

Bill Wylie-Kellermann y un grupo de amistades sintió la dirección del Señor para un viaje profético de oración en 1983. En esta ocasión sintieron que Dios los estaba dirigiendo a orar contra la guerra nuclear y que su acto de oración profética debía llevarlos nada más y nada menos que a la base de la fuerza aérea Wurtsmith al norte de Michigan, en donde 16 B-52 cargados con bombas nucleares estaban listos para salir en cualquier momento. Oraron por meses antes de buscar la dirección de Dios, entonces hicieron su viaje el Sábado Santo de 1983 para estar en la base la mañana del Domingo de Resurrección.

Oraron el Domingo de Resurrección a las 2:00 a.m., entonces comenzaron a caminar a través de la oscuridad hacia la base de la fuerza aérea en una tormenta de nieve húmeda. Cuando llegaron a la verja, sintieron que debían realizar dos actos proféticos: encender una vela pascual y cortar la verja, y entrar pacíficamente a la base de la fuerza aérea.

Llegaron hasta la pista de aterrizaje, oraron en voz alta para «renunciar a Satanás y a todas sus obras», (véase Ro

13.12) y se dirigieron al área iluminada en donde se encontraban los bombarderos en alerta. Llegaron justamente cuando el sol estaba saliendo, esperaban ser detenidos. Los vehículos estaban patrullando constantemente, pero Wylie-Kellermann informa: «Aquí ocurrió un fenómeno sorprendente, algo que no es raro en este tipo de empresa. ¡Pasamos sin ser vistos!»[16]

Cuando llegaron al área de máxima seguridad, se arrodillaron y tomaron la Comunión, pidiéndole a Dios que previniera que en cualquier momento las bombas nucleares eliminaran seres humanos inocentes. Antes de terminar fueron rodeados por guardias armados que estaban sorprendidos y avergonzados; les permitieron terminar su servicio con cánticos evangélicos de la Resurrección. Esperaban ser arrestados, pero sólo los rebuscaron y los llevaron a la entrada principal.

¿Quién sabe qué nos depara el futuro? Pero sí sabemos que desde ese viaje profético de oración el peligro de un holocausto nuclear mundial ha disminuido cada vez más. Hasta ahora las armas nucleares no han sido utilizadas.

Palabras clave en Irak

Un fascinante viaje de oración profética fue dirigido a Irak por Kjell Sjöberg en 1990. Mi hija Becky lo reportó para *G.I. News*, la revista de los Generales de Intercesión; dejaré que ella relate la historia:

«En el verano de 1990, Kjell Sjöberg dirigió a 15 hombres en un viaje de 10 días de oración a Irak. Fue durante la semana que llegaron que el Presidente Saddam Hussein había convocado una cumbre árabe justamente antes de su invasión a Kuwait. Como resultado, se cerraron las fronteras para todos los grupos de turistas. Milagrosamente, el grupo de Kjell fue el único al cual se le permitió entrada al país.

---

16. Bill Wylie-Kellermann, Seasons of Faith and Conscience, Orbis Books, Maryknoll, Nueva York, 1991, p. xxii.

»Debido a que habían hecho los arreglos para visitar varios lugares arqueológicos, su guía turístico iraquí los confundió con arqueólogos y los escoltó a cada lugar que habían designado para orar. Sintiendo que estaban siendo vigilados por la policía secreta, el grupo arregló palabras clave para utilizarlas durante sus oraciones. Israel se llamaba la "Tierra de Miguel", Saddam Hussein era "Oye hombre"; los musulmanes se denominaban "músicos"; las organizaciones misioneras eran "compañías"; y los gritos de aleluya a Dios eran "Honolulu".

»Kjell reportó que su guía, llamado Mohammed Ali, gritó "¡Honolulu!" ¡tanto como el grupo de intercesores!

»La historia ahora refleja que la coalición de la cumbre árabe se deshizo durante el tiempo que Kjell y su grupo de oración estaban en Irak. Saddam Hussein se quedó solo invadiendo a Kuwait lo cual lo llevó a su derrota en la guerra. El Señor ya tenía a sus guerreros detrás de las líneas del enemigo batallando en los lugares celestiales en lo que ha probado ser un momento estratégico de la historia.

»Kjell Sjöberg y sus hombres ciertamente no fueron los únicos a los cuales el Señor impresionó para que intercedieran esa semana por los eventos en el Medio Oriente, pero creemos que su fidelidad al mandato de Dios sí tuvo un impacto histórico».[17]

Así que me uno a Walter Wink y a muchos otros que dicen: La historia pertenece a los intercesores.

— **PREGUNTAS DE REFLEXIÓN** —

1. Discuta el significado de «fortaleza» y ofrezca ejemplos de las distintas clases de fortalezas de las cuales usted está consciente en su iglesia o en su comunidad.

---

17. Becky Wagner, «Profile of a General: Kjell Sjöberg», *G.I. News*, mayo-junio de 1992, p. 4.

2. Enviar 248 equipos para orar en la «Ventana 10/40» por una semana cada uno será muy costoso. ¿Es ésta una buena causa para el dinero de los cristianos o se debe gastar en otras cosas?
3. ¿Siente usted que el concepto del «espionaje profético» es válido? ¿Qué clase de persona cree usted sería llamada a esa tarea? ¿Conoce a alguien que podría ajustarse a la descripción?
4. ¿Cómo se siente en cuanto al equipo que oró dentro de la base de la fuerza aérea Wurtsmith? ¿Qué de aquellos que oraron en los puntos cardinales de la tierra en 1991? ¿Acaso estas acciones son demasiado radicales para ser aprobadas por la mayoría de los cristianos?
5. ¿Puede alcanzar algunas conclusiones acerca de lo que usted, sus amistades y su iglesia pueden hacer para implementar la oración *en* su comunidad así como la oración *por* su comunidad?

IGLESIAS QUE ORAN

Índice

A

acción social 20, 21, 22, 172, 212, 223
actos de oración profética 232, 233
adoración 71, 84, 95, 103, 104, 105, 109, 114, 115, 116, 117, 118, 120, 123, 156, 159, 161, 164, 166, 167, 169, 170, 173
África 20, 21, 133, 134, 229
Aglow (organización) 95, 203, 209, 211, 215, 226
Alabanza a la disciplina 45
Alabanza pública 164
Albania 159
Aldhelm, abad de Malmesbury 164
Aldrich, Joe 145
alemanes 155, 156, 173
Alemania 132, 153, 154, 156, 157, 159, 201, 202, 203, 207, 208, 214
Alertas de oración en la ciudad 146
Alves, Beth 19
Ama a Los Ángeles 147
América Latina 165
Amor de rodillas 16
An Dien, Cao 224, 225
Anderson, Bill 95
Andrés, hermano 45, 175, 176
apagar al Espíritu Santo 125
Argentina 134, 157, 165

argumentos, refutando 221
Ariga, Paul K. 209, 227
arrepentimiento público 155, 168
Asamblea Internacional de Oración 67
Asambleas de Dios 19, 48, 90, 162
asambleas solemnes 146
Aschoff, Friedrich 156
atar al hombre fuerte 139, 140, 141, 142, 151, 228
Aune, David 71
avivamiento 12, 18, 75, 77, 112, 119, 132, 133, 144, 148, 150, 162, 200, 209, 227
ayuno 27, 46, 83, 89, 177, 193

B

Barna, George 82
Beckett, Bob 185
Beckett, Susan 194
Berlín, Declaración de 154, 156
Bickle, Mike 118
Bisagno, John 49
Bolivia 68, 70
Brasil 157, 176, 184, 234
Bravo, Angel 69
Bright, Vonette 67
Brilla, Jesús brilla 170
Brown, Dougie 159
brujas 149, 193, 222
Bryant, David 19, 144, 147, 209, 229
Bush, Luis 20, 229
Byerly, Bobbye 95, 203

C

Caballeros, Harold 218, 222
cadenas de oración 103
caminatas en oración 175, 178, 179, 180, 181, 182, 184, 186, 187, 190, 191, 194, 198, 199, 202, 204, 208, 221, 224
caminatas en oración sincronizadas 192

cartografía espiritual 12, 178, 179, 185, 204, 205, 206, 214, 215, 228
Centro Cristiano Crenshaw 147
Centro de Vida Cristiana 46, 83
Centro Estadounidense para Misiones Mundiales 105
Chernobyl 16, 17
China 133, 165, 231
Cho, David, Yonggi 24, 27, 48
Christenson, Evelyn 19
Clairvaux, Bernard de 214
Colombia 191, 193, 195
Cómo confrontar los poderes 212
Cómo crear espacio para orar 101
Cómo derrotar ángeles entenebrecidos 105
Cómo desatar el poder de la oración 68
Cómo escuchar a Dios 78
Comunión 120; 74
Comunión Cristiana Ichthus 156
Conciertos de Oración Internacional 144
Conferencia General Bautista 193
Conquistemos las puertas del enemigo 229
Corea 23, 24, 25, 26, 27, 28, 67, 124, 158
1 Corintios 12.10; 69
2 Corintios 10.4,5; 213
Cornwall, Judson 51
Cortina de Hierro 16, 134
Cristo por la ciudad 191, 193, 195
Cruzada a cada hogar 193, 194, 226
Curran, Sue 111, 113, 119
Curso Unido de Oración 20, 146, 158

D

Daniel 45, 46, 55
DAWN (Discipular Toda Una Nación) 14
Dawson, John 143, 167, 190, 205

Deere, Jack 73
Destrucción de fortalezas en su ciudad, La 178, 229
día para cambiar al mundo 157
¿Dios, ese verdaderamente eres Tú? 78
don de la intercesión 92, 95
don de redención 205

E
Eaker, Doris 203
Eastman, Dick 17, 226, 229
Edwards, Jonathan 144
Efesios 4.11; 69
Efesios 6.18; 202
Ejército de Salvación 164
Elías 29, 30, 218, 219, 220
en nombre de Jesús 30, 54
entrada triunfal 164
Escocia 199
Escudo de oración 64, 65, 92
Escuela Bíblica Multnomah 145
Escuela de Divinidad Evangélica La Trinidad 70
espíritu de muerte 64, 65, 208
Espíritu Santo 23, 53, 54, 55, 56, 70, 75, 93, 112, 120, 122, 129, 130, 132, 141, 146, 148, 155, 156, 194, 199, 232
Esta patente oscuridad 75
estratégico 11, 49, 141, 148, 184, 224, 228, 237
Europa 134, 135, 149, 157, 158, 200, 202
Evangelismo de Cosecha 165
Evangelismo Explosivo 104
Evangelización 67, 115
Ezequiel 37.16-22 232

F
Fe 46, 47, 48, 49, 51, 55, 56, 126, 128, 138, 139, 159, 172, 210, 223, 228
Filemón 90

Filipinas 14, 15, 20, 211, 212
fortalezas 12, 73, 144, 148, 150, 164, 173, 205, 206, 213, 215, 220, 221, 222, 223, 224, 225, 228, 229, 231, 237
fortalezas ocultistas 222
fortalezas personales 223
Francia 200, 203, 207

G
George, Don 90, 91
Geppert, Mark 16, 17
German, Dale 146
Gesswein, Armin 128
GLINT (Literatura Evangélica Internacional) 14
Gloria en su casa 83
Graham, Billy 67, 160
Graham, Jack 148
Green, Lynn 156, 201, 214, 215, 216
Gregory, Brian 187
Griffith, Jill 100
Grudem, Wayne 70, 71, 73
Guatemala 134, 157, 165, 217, 218, 220, 229, 232

H
Haggard, Ted 93, 228, 229
Halili, Rey 14, 15
Hammond, Bill 68, 69
Hamon, Bill 73, 74
Hansen, Jane 203, 226
Harvey, Paul 16
Hawthorne, Steve 178, 180, 181
Hayford, Jack 44, 62, 78, 83, 84, 118, 137, 155
Hebreos 10.25; 114
Hebreos 11.1; 48
Hechos 4.8; 54
Hechos, Libro de 29
Hermas 179
Hill, David 71
hombres fuertes 219
homosexualidad 59

Huffman, John 179, 191, 192, 193
hugonotes 200
Hungría 231
Huss, John 164
Hussein, Saddam 236, 237

I
Iglesia Bautista de Alamo City 117
Iglesia Comunitaria de Gozo 97, 103
Iglesia Cristiana Reformada 19
Iglesia de Cristo 48, 141
Iglesia del Camino 83, 84, 118
Iglesia en la Roca 28
Iglesia Metodista Kwang Lim 25
Iglesia Metro Vineyard 118
Iglesia Nueva Vida 93, 228
Iglesia Presbiteriana de Hollywood 147
Iglesia Presbiteriana Myong-Song 25
iglesia que ora, La 106, 111
Iglesia Wesleyana 62, 82, 88
Iglesia Wesleyana Skyline 82
Ilnisky, Esther 19
Indonesia 164
Inglaterra 70, 148, 159, 164, 168, 169, 187, 194, 199, 202, 207
Instituciones de la religión cristiana 50
intercesores I-1, I-2 e I-3 64
intimidad con el Padre 30, 31, 38, 39, 53, 57
Irak 236, 237
Isaías 35.8 199
Isaías 43.5,6 199
Israel 45, 232, 237

J
Jacobs, Cindy 19, 74, 75, 77, 164, 184, 205, 221, 222, 229
Japón 20, 155, 157, 209, 227, 229
japonés 212
Johnson, Jerry 28

Jones, Ezra Earl 35
Joon-Gon, Kim 68
Josué 1.3; 150, 151
Junta de Escuela Dominical de la Convención Bautista del Sur 146
Junta General de Discipulado Metodista Unida 35
justicia social 37, 211

K
Kendrick, Graham 156, 157, 158, 164, 166, 167, 169, 170, 171, 172, 173, 178, 179, 201
Kiev 16
Kraft, Charles 105
Kumuyi, William 226

L
Lea, Larry 28, 118
Lenin 16, 17
liberales concienzudos 22
llaves del reino 140
Lloyd, Rocky 60, 61
Logan, Bob 82
Londres a Berlín, expediciones de oración 201, 202, 204, 206, 208, 211, 215
Lord, Peter 78

M
Macumba 176, 177
Make Way Music 169
Marcha por Jesús 154, 156, 157, 158, 164, 165, 166, 167, 168, 169, 171, 172, 173, 179, 180, 202
Marchas de alabanza 150, 153, 154, 155, 156, 157, 158, 159, 160, 161, 162, 163, 164, 165, 166, 167, 168, 169, 170, 171, 172, 173
María, la madre de Marcos 112
Marks, Jeff 209

Índice temático   243

Martín Lutero 156
Martin, Garry 160
masonería 207
Mateo 12.28; 141
Maxwell, John 62, 82, 85, 88, 89
maya 218, 222
McKnight, Roger 233, 234
Ministerio de «Alcance Asiático» 224
Ministerios Pioneros 156
Ministerios unidos de oración 19
Misión Koshien para el avivamiento de todo el Japón 227
Moisés 45, 150, 168, 178, 199, 203
Montgomery, Jim 13, 15
moravos 200
Movimiento 2000 A.D. 19, 20, 226
Mueller, Jon 74
Mull, Marlin 83
Mullert, Mike 89
Música para las calles 169
musulmanes 214, 237

N

navajos 229
nazarenos 48
Norwood, Edith 69
Nueva Inglaterra 209
Nuremberg, Alemania 153, 154, 156, 157

O

Oración a la conquista de lo imposible 44
oración activa 33, 34, 35, 36, 37, 38, 39, 40, 41, 42, 43, 44, 45, 46, 47, 48, 49, 50, 51, 52, 53, 54, 55, 56, 57, 58, 60, 61, 67, 77, 78, 83, 93
oración corporativa 29, 99, 110, 111, 112, 113, 114, 115, 117, 118, 119, 120, 121, 122, 123, 124, 125, 127, 128, 129, 130
oración de agradecimiento 125
oración de alabanza 161, 162
oración de guerra 11, 139, 141, 182, 193, 229
oración de petición 29, 162
oración efectiva 29, 31, 127
oración en concierto 124, 129, 130
oración en concordancia 124
oración en dos direcciones 67, 68, 70, 76, 77, 78
oración en grupo 29, 129
oración individual 29
oración intercesora, viajes de 224, 227, 228
oración para el perdón 29
oración personal 129
oración profética, viajes de 223, 224, 230, 231
oración retórica 33, 37, 40, 42, 57, 77, 78
oración verbal 123, 124, 125
oración y el crecimiento eclesiástico 11, 33, 35, 83, 85, 99
oración, compañeros de 88, 89, 93, 95, 98, 116
oración, cuartos de 101
oración, cumbres 145, 147, 150, 151, 166, 215
oración, el poder de 34
oración, escuelas de 97, 98, 129
oración, expediciones de 12, 179, 182, 198, 199, 201, 202, 210, 212, 213, 214, 215
oración, ley de 43
oración, líderes denominacionales de 19
oración, matutina 24, 25, 26, 65, 118, 121
oración, movimiento de 11, 12, 13, 20, 23, 24, 41, 43, 96, 116, 178
oración, naturaleza de 12, 38, 56, 57
oración, períodos de silencio 125

oración, retiros de 91, 103
oración, reunión de
 (tiempo de duración) 120
oración, semanas de 193
oración, servicios de adoración 35, 105
oración, viajes de 12, 173, 179, 182, 218, 220, 221, 223, 224, 227, 228, 231, 234
oraciones de arrepentimiento 215
oraciones de bendición 87, 193
oraciones de una frase 125
Orando las Escrituras 51
Ore y crezca 35

P
Pablo 36, 57, 67, 90, 137, 138, 139, 142, 150, 163, 185, 221
Padrenuestro 38, 43, 52, 161
Palau, Luis 165
pastores coreanos 27, 119
Pedersen, Bjorn 98, 103
Pedro 52, 54, 112, 140
Pelton, Theresa 169
Pelton, Tom 157, 159
perdón 52, 53, 146, 156, 212
Peretti, Frank 65
Plourde, Jorge 182
pobres, a favor de 20
polémica 21, 222
Polonia 160
Primera Iglesia Metodista en Tulsa 91
principados y potestades 23, 173
profecía 69, 70, 71, 72, 73, 74, 155
profetas y la profecía personal, Los 73
puntos cardinales 233, 238

R
Reagan, Ronald 21
Red de Guerra Espiritual 200, 209, 217, 232
Red de Información Cristiana 228, 229

Red internacional de Ester 19
Reino de Dios 140, 170, 198, 205, 210, 211, 213, 230, 234
República Dominicana 182
respuestas a la oración 31, 41, 68, 103, 119, 127
revelación divina 66
revelación especial 63
Rodgers, Waymon 46, 83
Romanos 1.16; 142
Romanos 1.29-31; 133
Romanos 12.6; 69
Rusia 159

S
Salmo 2.8 233
Santiago 5.16 29
Santo Domingo 182, 183
Sasser, Sam 162, 163
Satanás 45, 105, 138, 139, 140, 142, 143, 164, 190, 194, 202, 204, 205, 207, 221, 223, 235
Schaller, Cathy 76, 77
Segunda Iglesia Bautista de Houston 148
Seminario Fuller 33, 45, 56, 61, 64, 73, 97
Serrano Elías, Jorge 218, 219, 220
Shaw, Gwen 200, 212
Silas 163
Silvoso, Edgardo 223
Singh, Bakht 165
Smith, Alice 64
soberanía de Dios 43, 44
Su iglesia puede crecer 86
Suiza 197, 198
«superfé» 48

T
Tari, Mel 162
Templo Calvario 90, 91
teología de la prosperidad 48
territorialismo 185
Teykl, Terry 34, 35, 37, 101

Torrey, R.A. 110

U
último de los gigantes, El 135
Unión Soviética 16, 17, 21
Universidad de Cambridge 70
Universidad de la oración 98
Uruguay 175, 176, 194

V
Vander Griend, Alvin 19, 44, 95, 96, 101, 111
Ventana 10/40; 20, 137, 139, 148, 151, 158, 227, 228, 229, 238
Vietnam 224, 225
Vineyard en Anaheim 73
visualización 48

W
Wagner, Peter 15, 17, 32, 63, 64, 107, 212, 229
Walker, David 117
Wang, Thomas 68
Washington Post 17
Wesley, John 164
Weyna, Zdzislaw 160
Wilkinson, Georgalyn 14, 15, 17
Willhite, B.J. 127
Willis, Avery 146
Wimber John 73, 118
Wink, Walter 18, 20, 21, 23, 45, 212, 222, 237
Wurtsmith, base de la fuerza aérea 235, 238
Wylie-Kellerman, Bill 210, 212, 235

Y
Y Dios cambió de parecer 45
Yap, islas pequeñas de 162, 163, 164
Youngman, Erica 159

Grupo Nelson te invita a visitar su Web

Tuvidahoy.com
Inspiración para tu vida diaria

Tuvidahoy es libros, noticias, artículos para la vida, inspiración, comunidad, videos y mucho más. Visítanos en una plataforma interactiva y dinámica donde podrás interactuar con otros amantes de la lectura.

Visita la página de Novedades para ver los últimos lanzamientos. Podrás bajar capítulos de muestra y aprender más acerca de tus autores favoritos.

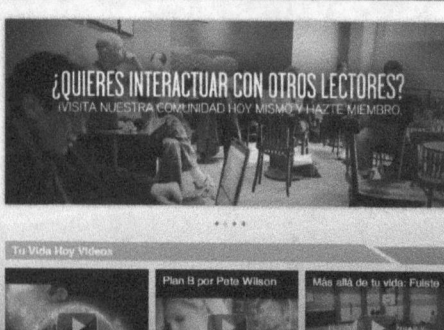

Visítanos hoy y regístrate para recibir más información. **Te esperamos.**

www.ingramcontent.com/pod-product-compliance
Lightning Source LLC
Chambersburg PA
CBHW011341090426
42743CB00018B/3402